W0094441

Sonja Carlsson

Raffiniert kombiniert, schön dekoriert

Käseplatten

8 1369

Zentralbibliothek
Lauenste...

UNGÜLTIG

Syst.-Nr. :

Zugangs-Nr. : 92/...

FALKEN

Vorwort

Über 5000 Käsesorten soll es weltweit geben! Eine Vielfalt, die nicht nur durch die unterschiedlichen Herstellungsverfahren bedingt ist, sondern auch durch verschiedene Milcharten, Reifungsbedingungen, Fettgehalte und nicht zuletzt durch regionale Gegebenheiten. Der Gourmet hat die Käsevielfalt schon lange für sich entdeckt. In guten Käsetheken und natürlich auch auf den Wochenmärkten haben internationale Käsesorten ihren festen Platz, so daß alle Voraussetzungen geschaffen sind, um diese internationalen Spezialitäten kennenzulernen und seine Gäste auch einmal damit zu verwöhnen.

In diesem Buch habe ich die reizvollsten Zubereitungen mit Käse für Sie zusammengestellt. Seien es feine Häppchen, kleine und große Platten, leckere Salate oder kalte Käsezubereitungen – die Rezepte um eines der sortenreichsten Produkte erfreuen den Gaumen und das Auge und können nach eigener Phantasie vielfältig zu Käsebuffets zusammengestellt werden. Lassen Sie sich von meinen Vorschlägen auch anregen, eigene Kreationen auszuprobieren, und laden Sie doch einfach einmal ein – zum Käsevergnügen für Feinschmecker!
Herzlichst, Ihre Sonja Carlsson

INHALT

KÄSE INS RECHTE LICHT GERÜCKT

Käse ist aus der kalten Küche nicht wegzudenken. Ihn wirkungsvoll ins Bild zu setzen und appetitlich anzurichten ist meist einfacher als es aussieht. Aber ein stimmiges Arrangement ist noch nicht alles – wichtig ist auch, daß der individuelle Charakter des Käses berücksichtigt wird.

Wissenswertes über Käse

Wo und wann zum ersten Mal Käse hergestellt wurde, läßt sich nicht sicher sagen. Fest steht aber, daß die Milchwirtschaft beziehungsweise die Nutzung der Milch von Haustieren für die menschliche Ernährung mehr als 10 000 Jahre alt ist. Über 18 kg Käse und Frischkäse verzehrt der Bundesbürger pro Jahr. Der Konsum steigt seit Jahren kontinuierlich an, auch in den anderen EG-Ländern. Wenngleich dafür auch der Geschmack den primären Grund darstellt, so darf doch der Gesundheitswert des Käses nicht außer acht gelassen werden: Käse ist eiweißreich und, wie alle Milchprodukte, ein guter Kalziumlieferant. Kohlenhydrate enthält er kaum, dafür ist er aber relativ reich an Spurenelementen wie Eisen, Kupfer und Zink. Je nach Fettstufe enthält Käse mehr oder weniger Fett.

Was bedeutet „F. i. Tr."?
Beim Käse ist die Angabe des Fettgehalts gesetzlich vorgeschrieben. So findet man auf jeder Käsepackung die Abkürzung „F. i. Tr.", die für „Fettgehalt in der Trockenmasse" steht. Im Französischen wird „mat. gr." für „matière grasse", im Englischen „fdm" für „fat in dry matter" verwendet. Generell wird bei Käse und Frischkäse nicht der absolute Fettgehalt in Gramm angegeben, sondern der Fettanteil bezogen auf die Trockenmasse. Je nach Käsesorte und -konsistenz ist das Verhältnis des Wasseranteils zum Trockenmasseanteil recht unterschiedlich. Emmentaler etwa enthält 45 % F. i. Tr. Wenn man weiß, daß seine Trockenmasse 64 % beträgt, dann kann man den absoluten Fettgehalt leicht ausrechnen: Er beträgt 45 % von 64, das heißt rund 29 g Fett pro 100 g Käse. Da man nicht von allen Käsesorten den Trockenmasseanteil wissen kann, läßt sich die Bestimmung mit folgender Rechnung vereinfachen: Bei Hartkäse multipliziert man den F.-i.-Tr.-Wert mit 0,7, bei Schnittkäse mit 0,6, bei Weichkäse mit 0,5 und bei Frischkäse mit 0,3. So erhält man in etwa den absoluten Fettgehalt

in Prozent beziehungsweise in g pro 100 g Käse. Während der Wassergehalt bei der Reifung und Aufbewahrung des Käses abnimmt, bleibt der Fettgehalt gleich. Deshalb enthalten alte trockene Hartkäse (zum Beispiel Sbrinz) mehr Fett pro 100 g als jüngere Hartkäse, die feuchter und geschmeidiger sind (zum Beispiel Pecorino und Provolone).

Käse richtig lagern
Käse gehört stets in den Kühlschrank, und zwar in Folie verpackt. Da er erst bei Zimmertemperatur sein volles Aroma entfaltet, sollte man ihn stets 1 bis 2 Stunden vor dem Servieren aus dem Kühlschrank nehmen.
Am Stück gekauft behält Käse am besten seinen Geschmack und seine Feuchtigkeit. Dann sollte man allerdings zum Anrichten die entsprechenden Geräte zum Schneiden und Zerteilen besitzen.

KLEINE KÄSEKUNDE

Wer Käse richtig kombinieren und servieren möchte, sollte die wichtigsten Sorten und ihre charakteristischen Eigenschaften kennen.

HARTKÄSE

Diese Käsesorten haben einen festen Teig, der eine Lochung aufweisen kann. Sie eignen sich als Tafelkäse und für die warme Küche. Manche Sorten läßt man zu „Extrahartkäse" heranreifen, der ideal zum Hobeln und zum Reiben ist.

Appenzeller (Schweiz): meist 40–50 % F. i. Tr., Rohmilchkäse, sehr würzig.
Bergkäse, Alpkäse (Alpenraum): unterschiedliche Fettgehalte, Allgäuer Bergkäse hat 45 % F. i. Tr., feinaromatisch, vorwiegend mit Lochung.
Cheddar (ursprünglich aus England, jetzt auch aus den USA, aus Frankreich und aus Deutschland): original britischer Cheddar hat etwa 48 % F. i. Tr. und eine helle Farbe, wird aber meist gefärbt. Cheddar wird bei uns als Chester bezeichnet.
Comté (Frankreich): mind. 45 % F. i. Tr., ähnelt dem Gruyère, sehr aromatisch.
Emmentaler (Schweiz, Frankreich, Allgäu): aus Rohmilch, 45 % F. i. Tr., typische Lochbildung, nussig-aromatisch bis würzig.

Grana padano, Grana trentino, Asiago picante (Italien): etwa 30 % F. i. Tr., Hartkäse zum Reiben.
Gruyère (Frankreich) und Greyerzer (Schweiz): rund 50 % F. i. Tr., geringe Lochung, kräftiges Aroma.
Kaschkaval (Bulgarien): mind. 50 % F. i. Tr., unter Verwendung von Schafmilch hergestellt, pikant und würzig.
Manchego (Spanien): 50–60 % F. i. Tr., Schafmilchkäse, ausgeprägtes Aroma, wird in unterschiedlichen Reifegraden angeboten.
Parmigiano-Reggiano (Italien): 32 % F. i. Tr., vorzüglicher Reibekäse.
Pecorino (Sizilien): 36 % F. i. Tr., als Tafelkäse (Pecorino dolce) und als Reibekäse (Pecorino romano) verwendbar, würziges Aroma.
Provolone (Italien): etwa 45 % F. i. Tr., als Tafelkäse oder nach längerer Reifung als Reibekäse ver-

wendbar. Es gibt einen milden und einen pikanten Provolone.
Saanen und Spalen (Schweiz): 47 % F. i. Tr., feiner Hobelkäse.
Schabzieger (Schweiz): fast 0 % F. i. Tr., Molkenkäse, typischer Würzkäse in Kegelstumpfform (Stöckli), pikant und leicht salzig.
Sbrinz (Schweiz): 45 % F. i. Tr., Hobel- und Reibekäse.

SCHNITTKÄSE

Er enthält generell mehr Wasser und hat daher eine geringere Trockenmasse als Hartkäse. Außerdem ist die Reifezeit kürzer. Diese Käsesorten sind ideal als Aufschnittkäse.

Edamer (Holland, Deutschland): 45 % F. i. Tr. in Holland, 30–50 % F. i. Tr. in Deutschland, geschmeidiger Teig, mild.
Fontal (Italien): mind. 45 % F. i. Tr., heller Teig, mild.
Gouda (Holland, Deutschland): holländischer Gouda enthält 48 % F. i. Tr., deutscher 45–50 %. Junger Gouda: mild-aromatisch, hellgelb, geringe Lochung. Mittelalter Gouda: kräftiger Geschmack, goldgelb. Alter Gouda: nahezu ohne Lochung, bröckelig, guter Reibekäse.
Havarti (Dänemark): 30 und 45 % F.i. Tr., dänischer Tilsiter, kräftig und pikant.

Maasdamer (Holland): 45 % F. i. Tr., große Lochung, lieblicher bis nußartiger Geschmack.
Montasio (Italien): wird als Schnittkäse (jung und mild), aber auch als gereifter Käse (würzig) angeboten.
Pyrenäenkäse (Pyrenäen): 45 % F. i. Tr., heller Teig, mild
Räucherkäse (Deutschland): sehr unterschiedliche Fettgehalte, milder bis scharfer Rauchgeschmack, wichtiger Vertreter ist Bruder Basil mit 48 % F. i. Tr.
Steppenkäse (Südosteuropa, Skandinavien, Deutschland): 30–45 % F. i. Tr., in Skandinavien zum Beispiel Danbo und dänischer Höhlenkäse, in Deutschland zum Beispiel Geltinger.
Tilsiter (ursprünglich Ostpreußen, jetzt aus verschiedenen Ländern): 30–60 % F. i. Tr., kleine Löcher, mild bis würzig.

HALBFESTER SCHNITTKÄSE

Hier finden sich Käsesorten, die weicher als Schnittkäse und fast so weich wie Weichkäse sind. Die Käsemasse ist gleichmäßig durchgereift. Eine herausragende Stellung nehmen in dieser Gruppe die Edelpilzkäsesorten ein.

Butterkäse (international): Italien: Bel Paese mit 50 % F. i. Tr. Frankreich: Bonbel und Babybel mit 50 % F. i. Tr. Deutschland:

Deutscher Butterkäse mit 45–60 % F. i. Tr., butter-mild, geschmeidiger Teig.
Brick (USA, Deutschland): 45–50 % F. i. Tr., butter-gelb, mild.
Danablu (Dänemark): 50 und 60 % F. i. Tr., Edel-pilzkäse, etwas scharf, fett, hat milderes Aroma.
Deutscher Edelpilzkäse: 45–60 % F. i. Tr., meist aus Kuhmilch, mild bis pikant. Bekannte Sorten: Bavaria Blu, Blue Bayou. Cambozola.
Esrom (Dänemark): 45–60 % F. i. Tr., gelocht, zartgelber Teig, zum Teil mit Gewürzen im Handel.

Freiburger Vacherin (Deutschland): mind. 45 % F. i. Tr., festere und weichere Varianten, fester Käse ideal als Tafelkäse, mild-aromatisch.
Gorgonzola (Italien): mind. 48 % F. i. Tr., Edelpilzkäse, milde und pikante Variante im Handel, Sahnegorgon-zola ist besonders mild und cremig.
Bel Paese (Italien): 50 % F. i. Tr., weicher Teig, fruchtig-aromatisch.
Roquefort (Frankreich): mind. 52 % F. i. Tr., Blau-schimmelkäse aus roher Schafmilch, würzig-pikant, krümelige Teigstruktur.

Stilton (England): mind. 48 % F. i. Tr., Edelpilzkäse, mild bis kräftig.
Taleggio (Italien): 48–50 % F. i. Tr., würziger Tafelkäse.
Tête de Moine (Schweiz): knapp über 50 % F. i. Tr., bedeutet „Mönchskopf", wird als $\frac{1}{2}$, 1 und 2 kg schwerer Zylinder herge-stellt, zum stilgerechten Servieren braucht man ei-ne Girolle (siehe Seite 12), würziges Aroma.
Trappistenkäse (Deutsch-land, Frankreich): viele ver-schiedene Sorten. Deut-scher Trappistenkäse: mild bis würzig. Französischer Käse: zum Beispiel

Port-du-Salut, Saint-Paulin und Reblochon, über 40 % F. i. Tr.
Weißlacker (Deutschland): 40–50 % F. i. Tr., wird oft als Bierkäse bezeichnet, weißer Teig, glänzende Oberfläche, würzig.

WEICHKÄSE

Meist weisen diese Käsesorten eine Oberflächenflora auf, die Käserotflora oder den Weißschimmel. Jeder Edelpilz- oder Blauschimmelkäse hat den typischen Innenschimmel.
Bresso (Deutschland): 68 % F. i. Tr., Weißschimmelkäse, auch mit grünem Pfeffer und mit Knoblauch erhältlich, aromatisch-mild.
Brie (Frankreich): mind. 40 % F. i. Tr., Weißschimmelkäse, typische Tortenform, mild, wird auch in Deutschland hergestellt.
Camembert (Normandie): französischer Käse hat 45–55 % F. i. Tr., deutscher kann mehr haben, Weißschimmelkäse, würzig.

Chaumes (Frankreich): 50 % F. i. Tr., leichte Rotflora, heller Teig, starke Lochung, mild bis würzig.
Coulommiers (Frankreich): mind. 40 % F. i. Tr., ähnelt dem Camembert, fester bis zarter Teig, angenehm mild.
Le Carré (Frankreich): mind. 40 % F. i. Tr., quadratischer Weißschimmelkäse, mild bis würzig.
Romadur, Limburger und Weinkäse (Deutschland): 20–60 % F. i. Tr., gelbliche bis rötliche Oberfläche, je nach Reifegrad fester bis fließender Teig, mild bis würzig im Geschmack, Romadur und Limburger haben typische Stangenform, Weinkäse gibt es in kleinen Laibchen.
Saint-Albray (Frankreich): 50 % F. i. Tr., Rotflora, typisch gebogter Rand, mild.
Weiße Lady (Bayern): 60 % F. i. Tr., Quaderform, mild.

SAUERMILCHKÄSE

Herzhafter, aromatischer Käse mit niedrigem Fettgehalt. In Deutschland liegt er unter 10 % F. i. Tr. Manche dieser Käsesorten weisen einen Weißschimmel auf.

Am bekanntesten sind bei uns: Harzer, Mainzer Handkäse, Korbkäse und Olmützer Quargel. Manche Sorten werden auch mit Kümmel angeboten.

FRISCHKÄSE

Doppelrahmfrischkäse (Deutschland): 60 und 70 % F. i. Tr., fester oder aufgeschäumter Teig, leicht säuerlich, vollmundig.
Körniger Frischkäse (ursprünglich aus den USA, jetzt auch in Europa): meist 20 % F. i. Tr., nach speziellem Verfahren hergestellt, auch als Hüttenkäse bekannt, typische Körnung, angenehm frisch.
Mascarpone (Italien): etwa 85 % F. i. Tr., fester, mit Zitronensäure gesäuerter und sehr fetter Frischkäse, sahniger, butterähnlicher Geschmack.
Mozzarella (Italien): 45 % F. i. Tr., ungereifter Knetkäse, der in Lake liegt, wurde ursprünglich aus Büffelmilch hergestellt, mildes Aroma.
Quark (Deutschland): gibt es von unter 1 % (Magerquark) bis 40 % F. i. Tr., (Sahnequark), cremig mild.

Ricotta (Italien): unge-
säuerter Frischkäse in
vielen Sorten, aus Kuh-
und/oder aus Schafmilch,
Schafmilchricotta hat
42 % F. i. Tr., schmeckt
sahnig-buttrig.

Schafskäse: meist als Feta
bekannt, aus Schafmilch
oder unter Zusatz von
Kuhmilch hergestellt, in
Deutschland nur aus Kuh-
milch, Käse liegt in Salz-
lake, je nach Sorte mild
bis pikant, milder, griechischer Schafskäse hat
50 % F. i. Tr. Er ist von
halbfester bis weicher Kon-
sistenz. Die weiße Teig-
farbe ist typisch für ihn.

ZIEGENKÄSE

Diesen Käse gibt es frisch,
mehr oder weniger gereift,
eingelegt in Lake oder spe-
ziell gewürzt.

Bekannte Sorten sind:
Banon (Frankreich):
45 % F. i. Tr., in typischer
Hülle, mildes bis würziges
Aroma.
Chabichou (Frankreich):
Außenschmiere, charakteri-
stische Kegelstumpfform.
Saint-Maure (Frankreich):
Käserolle mit einem Stroh-
halm als Mittelachse.
Daneben werden auch Zie-
gengouda, Ziegencamem-
bert und viele andere Sor-
ten angeboten, die vor
allem aus Frankreich, aus
Spanien, aus Holland und
aus Norwegen stammen.

SONSTIGE
KÄSESORTEN

Eine eigene Gruppe bilden
die zahlreichen Käsezube-
reitungen und Käsepro-
dukte, wie zum Beispiel
Schmelzkäse, Kochkäse
und Frischkäsezubereitun-
gen mit verschiedenen
Geschmackszutaten (zum
Beispiel Kräuter, Knoblauch
und Gemüsestückchen).

PFIFFIGE GARNITUREN

Für dünne und hauch-
dünne Käsescheiben ver-
wendet man den Käse-
hobel. Mit dem Schneide-
draht lassen sich alle
Käsesorten ideal
portionieren.

Um Tête-de-Moine-Blüten
zu erhalten, benötigt man
ein spezielles Gerät – die
Girolle (im Küchenfach-
handel und in Käsefachge-
schäften erhältlich): Man
schneidet vom Käse einen
Deckel ab, durchbohrt den
Käse mit dem Stift, setzt
ihn auf ein Brett, steckt
das Schabemesser auf
und kann dann dünne
Scheiben abschaben.

GARNIERTE KIRSCHTOMATE

1. Eine Kirschtomate in
der Mitte mit einem dün-
nen Spießchen durch-
bohren.
2. Etwas krause Petersilie
oder auch Kresse zu zwei
Sträußchen zusammen-
fassen, je eines von jeder
Seite hineinstecken.

Mit dem Buntmesser kann
man Schnitt- und Hart-
käse in gerippte Scheiben
und Würfel schneiden.
Aus den obengenannten
Käsesorten lassen sich mit
einem Kugelausstecher
auch gleichmäßige Kugeln
herauslösen, die sich für
Spießchen und Salate
eignen.

Aus Hart- und Schnittkäse
sowie aus Scheiben von
Möhren, Gurken und ähn-
lichem lassen sich gut
verschiedene Formen
(zum Beispiel Herzen,
Rauten, Blüten, Sterne)
ausstechen. Die dafür
nötigen Ausstechförm-
chen bekommt man im
Haushaltsfachgeschäft.

3. Aus einem geraden,
grünen Paprikastück mit einem Förmchen eine kleine
Blüte ausstechen.
4. Die Kirschtomate auf
die Paprikablüte setzen
und mit einem hübschen
Spießchen befestigen.
Sie können die Kirsch-
tomate auch auf eine
Gurkenscheibe setzen.

PIKANTES SALAMITÜTCHEN

1. Eine dünne Scheibe Salami bis zur Mitte einschneiden. Dann die Scheibe zu einem Tütchen drehen.
2. Aus einer dicken Scheibe Edamer oder Tilsiter ein kleines, rundes Plätzchen ausstechen.

3. Das Salamitütchen mit den übereinandergelegten Seiten nach unten auf das Käseplätzchen legen und eine mit Paprika gefüllte Olive hineingeben.
4. Alles mit einem Spießchen zusammenstecken und das Tütchen mit einem kleinen Zweig krauser Petersilie garnieren.

RADIESCHEN-MARGERITE

1. Ein Radieschen von oben viermal bis kurz vor den Stielansatz einschneiden, so daß zusammenhängende Achtel entstehen.
2. Das Radieschen einige Stunden in kaltem Wasser aufgehen lassen.

3. Die acht roten „Blütenblätter" mit einem scharfen Messer bis kurz vor den Stielansatz dünn vom weißen Fruchtfleisch abschälen.
4. Die abgeschälten Blattspitzen nach außen biegen. Die Margeriten sind auch eine hübsche Dekoration für Salate.

FEINE TOMATENROSE

1. Eine feste, reife Tomate mit einem sehr scharfen Messer 1½ bis 2 cm breit spiralförmig schälen.
2. Dann die Schalenspirale vorsichtig zuerst fest, dann nach außen hin lockerer zusammenrollen.

Sie können die Rose auch auf einen Sockel setzen. Dazu von einer Zitrone eine schöne Scheibe abschneiden. Etwas krause Petersilie oder Kresse mit den Stielen zur Mitte auf die Scheibe legen und die Tomatenrose anschließend sehr vorsichtig darauf setzen.

KLEINE HÄPPCHEN & CO.

Spießchen, Canapés und Häppchen erfreuen sich als Snacks bei vielen Gelegenheiten großer Beliebtheit. Originell kombiniert und appetitlich garniert, sind sie Gaumenfreude und Augenschmaus zugleich.

(Pfiffige Käsewichtel, Rezept Seite 16)

PFIFFIGE KÄSEWICHTEL

Für 8 Stück
Zubereitungszeit: ca. ¼ Std.
ca. 70 kcal pro Stück

4 Mini-Babybel ohne Wachs-
hülle
4 dünne Scheiben Salami
(8–9 cm Ø)
8 Holzspießchen
8 Pistazienkerne
½ Kästchen Kresse
evtl. etwas weiche Butter
½ TL grober schwarzer Pfeffer
½ TL Paprikapulver edelsüß
50 g einer dicken Möhre

1. Die Mini-Babybels und
die Salamischeiben halbieren. Die Salamihälften zu
Tütchen drehen, diese als
Spitzhüte auf die Babybel-
hälften setzen und mit
Spießchen befestigen.
2. In die Mitte der Käsestücke je einen Pistazien-
kern stecken.
3. Die Kresse abschneiden, zu acht Sträußchen
zusammenfassen und die-
se jeweils als Haarschopf
zwischen Salamihütchen
und Käsehälften klemmen.
Eventuell die Haftung mit
etwas Butter verbessern.
4. Die eine Hälfte der
Käseköpfchen mit der
Rundung in den Pfeffer,
die andere Hälfte in das
Paprikapulver drücken.
5. Die Möhre in acht
Scheiben schneiden, aus
ihnen Blüten ausstechen.
Die Köpfe darauf stecken.
(auf dem Foto S. 14)

FEINSCHMECKER-SPIESSCHEN

Für 8 Spießchen
Zubereitungszeit: ca. ¼ Std.
ca. 90 kcal pro Stück

1 Scheibe Emmentaler
(125 g, 1 cm dick)
4 hauchdünne Scheiben
Bündner Fleisch oder
Schwarzwälder Schinken
8 Holzspießchen
200 g Honigmelone
4 grüne, mit je einer Mandel
gefüllte Oliven

1. Den Emmentaler in
acht Würfel schneiden.
2. Die Scheiben Bündner
Fleisch oder Schinken
halbieren. Die Hälften zieh-
harmonikaartig falten und
auf die Spießchen stecken.
3. Die Kerne der Melone
entfernen und aus dem
Fruchtfleisch mit einem Kugelausstecher vier Kugeln
herauslösen.
4. Auf vier mit dem
Fleisch oder dem Schin-
ken bestückte Spießchen
oben eine Melonenkugel
und unten einen Käsewür-
fel stecken.
5. Auf die restlichen vier
Spießchen oben eine Olive
und unten ebenfalls einen
Käsewürfel stecken.
(auf dem Foto: oben)

GEFÜLLTE DATTELN

Für 8 Stück
Zubereitungszeit: ca. ¼ Std.
ca. 70 kcal pro Stück

4 frische Datteln
75 g Doppelrahmfrischkäse
weißer Pfeffer
gemahlener Ingwer
ein Stückchen kandierter
Ingwer
2 Karambolen (Sternfrüchte)

1. Die Datteln waschen
und trockentupfen. Dann
der Länge nach halbieren
und die Kerne mit einem
Löffel entfernen.
2. Den Frischkäse zusammen mit Pfeffer und etwas
Ingwerpulver glattrühren.
In einen Spritzbeutel mit
gezackter Tülle füllen und
in die Dattelhälften spritzen.
3. Den kandierten Ingwer
in acht Würfelchen schneiden und die Käsefüllung
damit garnieren.
4. Die Karambolen wa-
schen. Die Mittelstücke
der Früchte in acht schöne,
dicke Scheiben schneiden
und diese mit einer Scheibe in der Mitte als Kreis
auf einen runden Teller legen. Auf jede Karambolen-
scheibe eine gefüllte Dat-
telhälfte setzen.
(auf dem Foto: unten)

Variation
Füllen Sie die Datteln mit
glattgerührtem Sahnegor-
gonzola. Dann mit Walnuß-
stückchen dekorieren.

GURKENFLOTTE MIT WURSTSPIESSCHEN

Für 16 Spießchen
Zubereitungszeit: ca. 25 Min.
ca. 35 kcal pro Stück

Für die Gurkenflotte:
8 gekrümmte Cornichons

50 g Esrom am Stück

20 g einer kleinen Möhre

8 Spießchen

Für die Wurstspießchen:
4 Maiskölbchen aus der Dose

8 Cocktailwürstchen

8 Spießchen

50 g Räucherkäse am Stück
(zum Beispiel Bruder Basil)

frische krause Petersilie

1. Für die Gurkenflotte die Cornichons an der äußeren Krümmung geradeschneiden, damit sie Stand bekommen. Den Esrom in acht Würfel schneiden.

2. Die Möhre in acht 2 mm dünne Scheiben schneiden und daraus acht Blüten ausstechen.

3. Auf jedes Cornichon einen Käsewürfel und eine Möhrenblüte legen und beides zusammen mit je einem Spießchen feststecken.

4. Für die Wurstspießchen die Maiskölbchen der Länge nach halbieren. Jede Hälfte mit der Schnittseite nach innen um ein Cocktailwürstchen wickeln und mit einem Spießchen feststecken.

5. Den Räucherkäse in acht Würfel schneiden und die aufgespießten Würstchen darauf stecken.

6. Jeweils ein Petersiliensträußchen zwischen die Würstchen und den Mais stecken.

7. Die Gurkenflotte S-förmig auf einer kleinen Platte anordnen. Die Wurstspießchen in zwei Vierergruppen in die freien Ecken stellen.

┌─ FEINSCHMECKER-TIP ─┐

Hübsch sieht es aus, wenn Sie zusätzlich noch acht garnierte Kirschtomaten (Rezept siehe Seite 12) auf die Platte setzen.

GROSSE SPIESSCHENPLATTE

Für ca. 45 Spießchen
Zubereitungszeit: ca. ³/₄ Std.
ca. 80 kcal pro Stück

Für die Käsekuppel:

125 g Schweizer Emmentaler am Stück
6 Walnußkernhälften
6 blaue Weintrauben
ca. 45 Spießchen
1 Scheibe Gorgonzola (75 g, ¹/₂ cm dick)
1 Scheibe Bel Paese (75 g, ¹/₂ cm dick)
¹/₂ Schachtel Camembert, 45 % F. i. Tr. (62,5 g)
4 grüne Oliven
1 Scheibe Tilsiter (50 g, ¹/₂ cm dick)
1 Scheibe Cheddar (50 g, ¹/₂ cm dick)
¹/₂ kleine Charantaismelone (250 g)

Für die Schmetterlingsspießchen:

1 Scheibe Bel Paese (125 g, 1 cm dick)
75 g Doppelrahmfrischkäse
8 dünne Scheiben sehr fester Salami (40 g, ca. 7 cm ∅)
evtl. 8 Spießchen
etwas Kresse oder krause Petersilie

Für die Käsepilze:

8 schöne Erdbeeren
¹/₂ Scheibe Gorgonzola (75 g, 1 cm dick)
8 Spießchen
2 EL Crème fraîche

1. Für die Käsekuppel den Emmentaler in zwölf 1 cm große Würfel schneiden. Jeweils einen Würfel zusammen mit einer Walnußkernhälfte beziehungsweise mit einer gewaschenen Weintraube auf ein Spießchen stecken.
2. Den Gorgonzola auf den Bel Paese legen. Mit kleinen, runden oder ovalen Förmchen aus dem Käse Plätzchen ausstechen und sie auf Spießchen stecken.
3. Den Camembert in vier Dreiecke schneiden und sie jeweils zusammen mit einer Olive auf Spießchen stecken.
4. Den Tilsiter auf den Cheddar legen, ihn leicht andrücken und beide zusammen in kleine Rauten schneiden. Die zweischichtigen Rauten jeweils auf Spießchen stecken.
5. Die Melonenhälfte in die Mitte einer ovalen Platte setzen und die vorbereiteten Spießchen bunt durcheinander oder gruppenweise darauf stecken.
6. Für die Schmetterlingsspießchen den Bel Paese in acht Balken von je 3 cm Länge schneiden.
7. Den Frischkäse in einen Spritzbeutel mit gezackter Tülle füllen und jeweils als Streifen auf jeden Käsebalken spritzen.

8. Die Salamischeiben halbieren. Je zwei Halbkreise mit der Rundung nach unten in den Frischkäse stecken und eventuell mit Spießchen befestigen.
9. Etwas Kresse oder Petersilie jeweils als Fühler an ein Ende jedes Schmetterlings in den Frischkäse stecken.
10. Für die Käsepilze die Erdbeeren waschen und putzen. Den Gorgonzola in acht 1 cm große Würfel schneiden.
11. Auf jedem Käsewürfel eine Erdbeere mit dem spitzen Ende nach oben mit einem Spießchen feststecken.
12. Die Crème fraîche in einen Spritzbeutel mit feiner, glatter Tülle geben und als kleine Tupfen auf die Erdbeeren spritzen.
13. Die Schmetterlingsspießchen in zwei Halbkreisen um die Käsekuppel setzen. Die Käsepilze, ebenfalls in Halbkreisen, dahinter anordnen.

BUNTE KÄSECANAPÉS

Für 12 Stück

Zubereitungszeit: ca. 25 Min.
ca. 160 kcal pro Stück

12 kleine, runde Scheiben
Pumpernickel
2–3 EL Butter
2 Scheiben Cheddar (75 g)
20 g Leberpastete
4 grüne Oliven
2 Scheiben Butterkäse,
zum Beispiel Bonbel
oder Bel Paese (75 g)
2 Scheiben Lachsschinken
ohne Fettrand
1 Zweig krause Petersilie
2 Scheiben Höhlenkäse (75 g)
1 hartgekochtes Ei
1 EL Kräuter-Crème-fraîche
2 Kirschtomaten

1. Die Pumpernickelscheiben mit der Butter dünn bestreichen.
2. Aus dem Cheddar vier Sterne (je 6 cm ∅) ausstechen und vier Brotscheiben damit belegen.
3. Die Leberpastete in einen Spritzbeutel mit gezackter Tülle füllen und als Rosetten in die Mitte der Sterne spritzen. Dann je eine Olive hineinsetzen.
4. Aus dem Butterkäse vier Blüten (je 6 cm ∅) ausstechen und sie auf vier Brotscheiben legen.
5. Die Schinkenscheiben halbieren, die Hälften locker zusammenrollen und in die Mitte der Blüten setzen. Jeweils etwas Petersilie in die Röllchen stecken.

6. Aus dem Höhlenkäse vier Blüten (je 6 cm ∅) ausstechen und sie auf die restlichen vier Pumpernickelscheiben legen.
7. Das gekochte Ei pellen, grob würfeln und vorsichtig mit der Kräuter-Crème-fraîche verrühren. Die Creme jeweils als Häufchen in die Mitte der Blüten setzen.
8. Die Kirschtomaten halbieren und die Hälften in die Crème fraîche stecken.
(auf dem Foto oben)

┌ FEINSCHMECKER-TIP ┐

Wenn sich überraschend Besuch angesagt hat, sind die Käsecanapés schnell und ohne großen Aufwand zubereitet. Sie passen prima zu einem Glas gutem Wein und zu Bier.

WÜRZIGE CRACKER

Für 12 Stück

Zubereitungszeit: ca. 1/4 Std.
ca. 95 kcal pro Stück

300 g Doppelrahmfrischkäse
1 gehäufter TL geriebener
Meerrettich
weißer Pfeffer
12 Cracker
3 Kirschäpfel aus der Dose
(gezuckert)
1 gehäufter TL Tomatenmark
Cayennepfeffer
6 Piri-Piri aus dem Glas
(scharfe, rote Pfefferschoten)

1. Den Frischkäse in zwei gleich große Portionen teilen und eine Hälfte mit dem Meerrettich und etwas Pfeffer verrühren. Die Crème in einen Spritzbeutel mit gezackter Tülle füllen und als Rosetten auf sechs Cracker spritzen.
2. Die Kirschäpfel halbieren, dabei auch die Stiele durchschneiden. Je eine Hälfte seitlich in den Frischkäse stecken.
3. Unter den restlichen Frischkäse das Tomatenmark und etwas Cayennepfeffer rühren und die Crème als Rosetten auf die übrigen sechs Cracker spritzen.
4. Die Piri-Piri auf die Rosetten setzen.
(auf dem Foto unten)

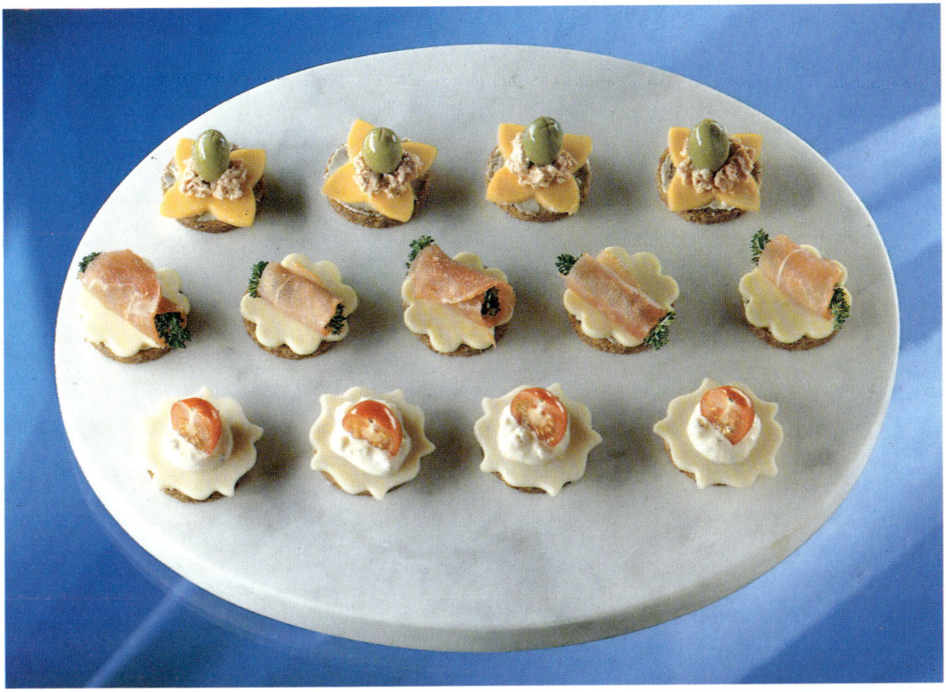

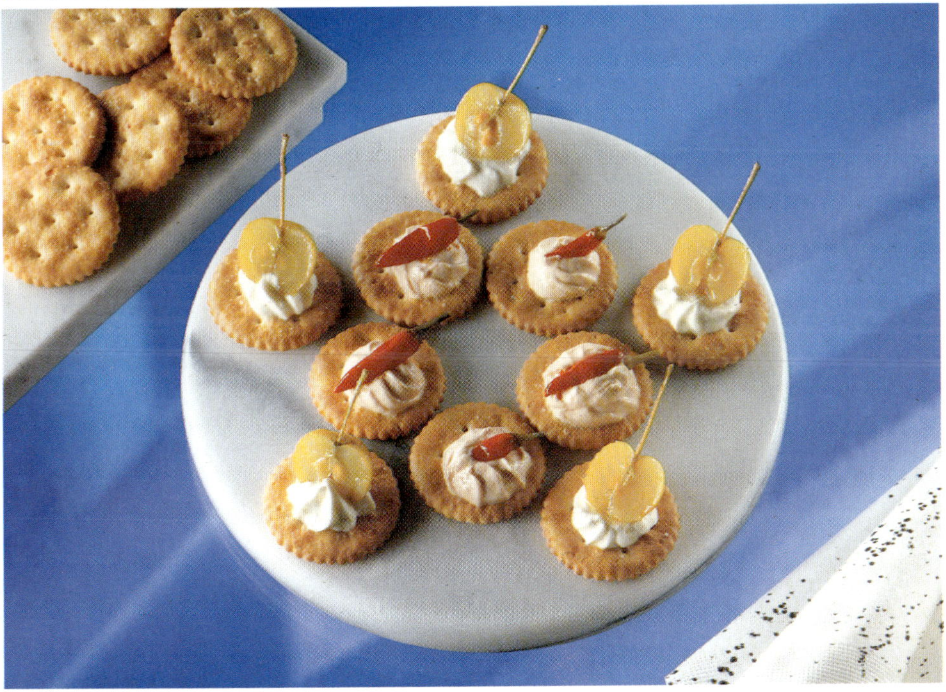

MAINZER HÄPPCHEN

Für 8 Stück
Zubereitungszeit: ca. 1/4 Std.
ca. 120 kcal pro Stück

4 Scheiben Kümmelbrot
2 EL weiche Butter
1 Bund Radieschen
weißer Pfeffer
Salz
4 Scheiben Wurstaufschnitt
1 TL Mayonnaise
etwas krause Petersilie
80 g Mainzer Handkäse
Kümmel zum Bestreuen

1. Aus jeder Brotscheibe zwei große Kreise ausstechen und sie mit der Butter bestreichen.
2. Die Radieschen putzen, waschen und in Scheiben schneiden. Sie auf die Brote legen und mit Pfeffer und Salz würzen.
3. Die Wurstscheiben halbieren, die Hälften zu Tütchen drehen und diese mit der Mayonnaise „zukleben". Die Tütchen auf die Brotscheiben legen und jeweils etwas Petersilie hineingeben.
4. Den Handkäse in vier Scheiben schneiden, sie halbieren und jeweils ein Stück neben ein Wursttütchen legen. Den Käse mit etwas Kümmel bestreuen.
(auf dem Foto: oben)

TALEGGIO-HÄPPCHEN

Für 8 Stück
Zubereitungszeit: ca. 20 Min.
ca. 195 kcal pro Stück

8 Scheiben Stangenweißbrot
2 EL weiche Butter
50 g Feldsalat
2 Scheiben mittelalter
Taleggio (200 g, 1/2 cm dick)
80 g Doppelrahmfrischkäse
8 frische Himbeeren

1. Die Brotscheiben dünn mit der Butter bestreichen.
2. Den Feldsalat verlesen, gut waschen und trockenschleudern. Die Sträußchen mit den Stielen zur Mitte hin auf die Brotscheiben legen.
3. Die Taleggioscheiben jeweils in vier gleich große Teile schneiden und diese auf den Feldsalat legen.
4. Den Frischkäse in einen Spritzbeutel mit gezackter Tülle füllen und als Rosetten auf die Taleggioscheiben spritzen.
5. Die Himbeeren kurz waschen, putzen und trockentupfen. Jeweils eine Beere in eine Frischkäserosette setzen.
(auf dem Foto: Mitte)

NORDSEE-ECKEN

Für 8 Stück
Zubereitungszeit: ca. 25 Min.
ca. 225 kcal pro Stück

4 Scheiben Toastbrot
2 EL Butter
3 feste Tomaten
1/2 Bund Dill
4 Scheiben Havarti
(180 g, 3 mm dick)
125 g Schillerlocke
75 g Doppelrahmfrischkäse
bunter Pfeffer aus der Mühle

1. Die Toastbrotscheiben goldbraun rösten, diagonal halbieren und dünn mit der Butter bestreichen.
2. Die Tomaten waschen, in dünne Scheiben schneiden und diese dachziegelartig auf die Brotecken legen.
3. Den Dill waschen und die abgezupften zarten Fähnchen auf die Tomaten legen.
4. Die Käsescheiben in Dreiecke schneiden, die etwas kleiner sein sollten als die Toastecken, und auf die Tomaten legen.
5. Die Schillerlocke in acht Stückchen schneiden und diese jeweils auf den Käse legen.
6. Den Frischkäse in einen Spritzbeutel mit gezackter Tülle füllen und jeweils als Streifen auf die Schillerlockenstücke spritzen. Mit buntem Pfeffer übermahlen.
(auf dem Foto: unten)

FEINE SALATE UND PIKANTES GEBÄCK

Wenn bei Salaten und bei Gebäck der Käse den Ton angibt, handelt es sich stets um etwas ganz Besonderes und meist auch um etwas sehr Individuelles, denn auf die Mischung kommt es an. Der Käse rundet die Harmonie der Zutaten ab und ist ein guter Aromaträger.

(Brokkolisalat Danmark, Rezept Seite 28)

BROKKOLISALAT DANMARK

Für 4 Portionen
Zubereitungszeit: ca. ½ Std.
ca. 210 kcal pro Portion

300 g Brokkoli
Salz
2–3 Scheiben gekochter Schinken ohne Fettrand
100 g kleine Champignons
3 EL Zitronensaft
75 g Esrom
1 hartgekochtes Eigelb
weißer Pfeffer
3 EL Sonnenblumenöl

1. Die Brokkoli waschen, putzen und in einzelne Röschen zerteilen. Nun die Stiele über Kreuz einschneiden. Die Röschen in kochendem Salzwasser etwa 6 Minuten garen. Dann abgießen, abschrecken und abkühlen lassen.
2. Den Schinken in schmale Streifen schneiden. Die Champignons putzen, kurz waschen und in Scheiben schneiden. Mit 1 Eßlöffel Zitronensaft beträufeln.
3. Den Esrom in schmale Stifte schneiden und mit Brokkoli, Pilzen und Schinken mischen.
4. Das Eigelb durch ein Sieb drücken und mit 2 Eßlöffeln Zitronensaft, Salz, Pfeffer und dem Öl verrühren. Die Sauce über den Salat träufeln, ihn kurz durchziehen lassen und dann wenden.
(auf dem Foto S. 26)

FRUCHTIGER KÄSESALAT

Für 4 Personen
Zubereitungszeit: ca. 25 Min.
ca. 230 kcal pro Portion

300 g Knollensellerie
Saft von 1 Zitrone
80 g Edamer in Scheiben
Salz
weißer Pfeffer
1 Prise Zucker
175 g Mandarinenfilets aus der Dose
100 g süße Sahne
4 Walnußkernhälften

1. Den Sellerie schälen und mit einem Buntmesser in 2 cm lange, dünne Streifen schneiden. In kochendem Wasser zusammen mit etwas Zitronensaft etwa 2 Minuten blanchieren. In ein Sieb abgießen, abschrecken und abtropfen lassen.
2. Den Edamer in schmale Stifte schneiden und mit dem Sellerie mischen. Mit dem restlichen Zitronensaft beträufeln und mit Salz, Pfeffer und Zucker würzen.
3. Die Mandarinen abtropfen lassen und dazugeben. Die Sahne cremig rühren und unter den Salat heben.
4. Den Salat auf vier kleine Teller verteilen und auf jede Portion eine Walnußhälfte setzen.
(auf dem Foto: oben)

RAFFINIERTER MÖHRENCOCKTAIL

Für 4 Personen
Zubereitungszeit: ca. 25 Min.
ca. 245 kcal pro Portion

400 g Möhren
2 kleine Äpfel (z. B. Jonathan)
Saft von ½ Zitrone
75 g Maasdamer in Scheiben
100 g süße Sahne
2 EL fettarmer Joghurt
Salz
weißer Pfeffer
25 g gehobelte Mandeln

1. Die Möhren unter fließendem Wasser gut abbürsten und grob raspeln.
2. Die Äpfel schälen, ebenfalls grob raspeln und den Zitronensaft daruntermischen.
3. Die Käsescheiben zunächst in 2 cm breite Streifen, diese dann quer in 3 mm breite Stifte schneiden.
4. Die Möhren- mit den Apfelraspeln mischen und die Käsestifte locker darunterheben. Den Salat in vier Cocktailgläser füllen.
5. Die Sahne cremig rühren, den Joghurt unterziehen und das Dressing mit Salz und Pfeffer abschmecken.
6. Das Dressing jeweils als Klecks auf die Cocktails geben. Die Mandelblättchen in einer Pfanne ohne Fett anrösten und über die Cocktails streuen.
(auf dem Foto: unten)

SELLERIE-TRAUBEN-SALAT

Für 4 Personen
Zubereitungszeit: ca. ½ Std.
ca. 255 kcal pro Portion

300 g Knollensellerie
1 EL Zitronensaft
125 g blaue Weintrauben
8 Walnußkernhälften
20 g Schabzieger
½ unbehandelte Orange
weißer Pfeffer
Salz
150 g Crème fraîche
50 g Feldsalat

1. Den Sellerie waschen, schälen und in 2 cm lange, dünne Stifte schneiden.
2. Reichlich Wasser zusammen mit dem Zitronensaft zum Kochen bringen und dann die Selleriestreifen darin etwa 2 Minuten blanchieren. In ein Sieb abgießen, abschrecken und gut abtropfen lassen.
3. Die Trauben waschen, von den Stielen zupfen, halbieren und entkernen.
4. Die Walnußkernhälften grob hacken und den Schabzieger fein reiben.
5. Von der Orangenhälfte eine Scheibe abschneiden, vierteln und für die Garnitur beiseite legen. Den Rest der Orange auspressen.
6. Schabzieger, Pfeffer, Salz, Orangensaft und Crème fraîche zu einem Dressing verrühren.
7. Die Selleriestreifen mit den Trauben und den Nüssen mischen, das Schabziegerdressing darunterheben und den Salat etwa 10 Minuten zugedeckt im Kühlschrank durchziehen lassen.
8. Inzwischen den Feldsalat verlesen, gut waschen und trockenschleudern.
9. Den Selleriesalat auf vier Dessertteller verteilen, an den Rand jeweils etwas Feldsalat und ein Orangenscheibenviertel legen.
(auf dem Foto oben)

Variation
Wenn Sie den Salat üppiger zubereiten möchten, mischen Sie noch 200 g gekochte und in Würfel geschnittene Kartoffeln darunter. Nehmen Sie dann aber die doppelte Menge an Schabziegerdressing.

KÄSESALAT ELSASS

Für 4 Personen
Zubereitungszeit: ca. 25 Min.
ca. 345 kcal pro Portion

200 g Bierschinken
150 g Schweizer Emmentaler
2 große Gewürzgurken
1 Zwiebel
1 kleine Knoblauchzehe
1 TL mittelscharfer Senf
2–3 EL Weißweinessig
weißer Pfeffer
Salz
1 EL Sonnenblumenöl
2 hartgekochte Eier
1 Tomate
2 EL Schnittlauchröllchen

1. Den Bierschinken und den Emmentaler in 3 cm lange, schmale Streifen schneiden. Die Gewürzgurken fein würfeln und dazugeben.
2. Die Zwiebel schälen und fein hacken. Den Knoblauch schälen und zerdrücken.
3. Die Zwiebelwürfel mit dem Knoblauch, dem Senf und dem Essig verrühren. Das Dressing mit Pfeffer und Salz abschmecken und über den Salat geben.
4. Den Salat mischen und kurz durchziehen lassen. Danach das Öl daruntermischen.
5. Den Salat auf vier flachen Tellern mit jeweils zwei Eivierteln, zwei Tomatenachteln und Schnittlauchröllchen anrichten.
(auf dem Foto unten)

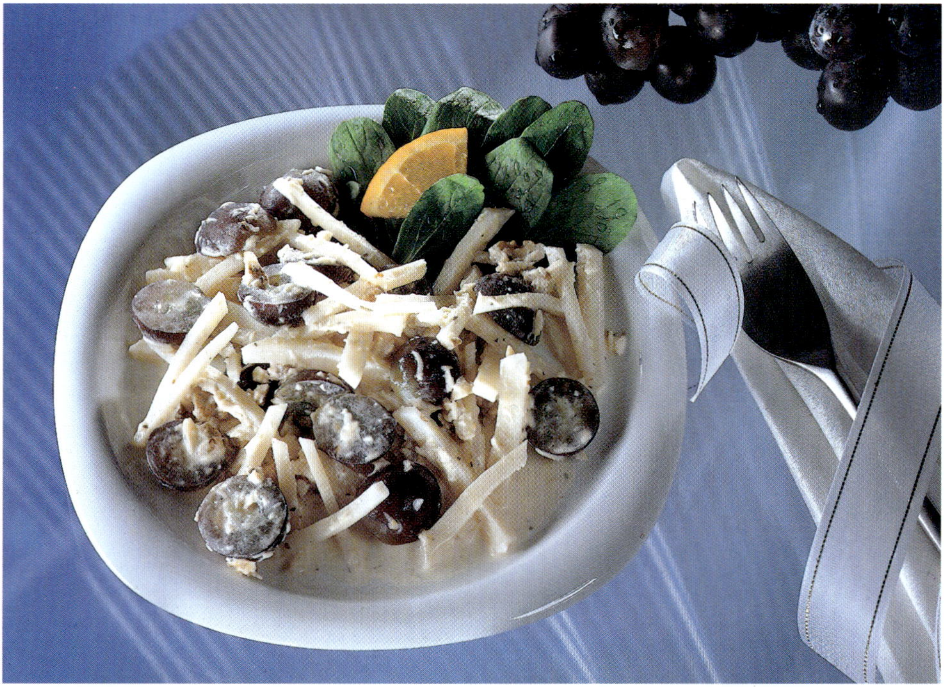

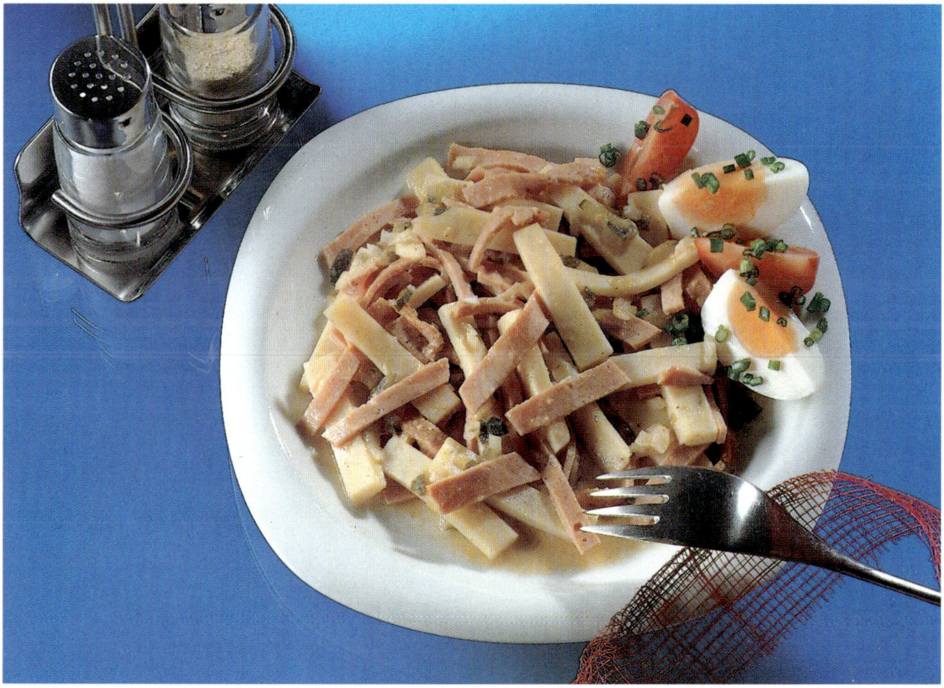

BRÖTCHEN MIT FETASALAT

Für 4 Personen
Zubereitungszeit: ca. ¼ Std.
Zeit zum Durchziehen: 24 Std.
ca. 340 kcal pro Portion

200 g griechischer Feta
8 Knoblauchzehen
200 g eingelegte grüne
Peperoni
Salz
weißer Pfeffer
3 EL Olivenöl
1 Bund glatte Petersilie
einige kleine Salatblätter
4 runde Brötchen

1. Den Feta in 1 cm große Würfel schneiden. Die
Knoblauchzehen schälen
und fein hacken. Die abge-
tropften Peperoni eventuell
halbieren.
2. Die vorbereiteten Zutaten mischen, mit Salz und
Pfeffer würzen und mit
dem Olivenöl beträufeln.
Dann im Kühlschrank
zugedeckt 1 Tag durch-
ziehen lassen.
3. Kurz vor dem Servieren
die Petersilie waschen,
fein wiegen und unter den
Salat mischen. Die Salat-
blätter waschen und
trockenschleudern.
4. Von den Brötchen
Deckel abschneiden, die
Brötchen aushöhlen und
mit Salatblättern auslegen.
5. Die Käsemischung in
einem Sieb etwas abtrop-
fen lassen und dann in die
Brötchen geben.
(auf dem Foto: oben)

TOMATEN MIT MOZZARELLA

Für 4 Personen
Zubereitungszeit: ca. ¼ Std.
ca. 230 kcal pro Portion

600 g feste Tomaten
200 g Mozzarella
schwarzer Pfeffer
aus der Mühle
3 TL Weißweinessig
Salz
3 EL Olivenöl
1 Bund frisches Basilikum

1. Die Tomaten waschen,
die grünen Stengelansätze
herausschneiden und
die Tomaten in dünne
Scheiben schneiden. Die
Mozzarella ebenfalls in
Scheiben schneiden.
2. Die Käse- und die
Tomatenscheiben kreis-
förmig so auf vier Salatteller
legen, daß sie sich leicht
überlappen, und mit reichlich schwarzem Pfeffer
übermahlen.
3. Den Essig mit etwas
Salz verrühren und dar-
überträufeln. Dann das
Olivenöl über den Salat
geben.
4. Das Basilikum waschen
und trockenschleudern.
Die Blättchen abzupfen
und auf dem Salat ver-
teilen.
(auf dem Foto: Mitte)

BALKANSALAT MIT FETA

Für 4 Personen
Zubereitungszeit: ca. ¼ Std.
ca. 330 kcal pro Portion

1 Kopf Römischer Salat
300 g feste Tomaten
2 kleine Zucchini
1 große Zwiebel
200 g griechischer Feta
12 schwarze Oliven
2 Knoblauchzehen
2 EL Weißweinessig
Salz, weißer Pfeffer
5 EL Olivenöl

1. Den Salat verlesen,
waschen und trocken-
schleudern. In mundge-
rechte Stücke zerpflücken
und in eine Schüssel
geben.
2. Die Tomaten waschen
und achteln. Die Zucchini
waschen und in dünne
Scheiben schneiden.
Beides zum Salat geben.
3. Die Zwiebel schälen, in
dünne Scheiben schnei-
den und diese in die Ringe
zerlegen.
4. Den Feta würfeln, zusammen mit den Zwiebel-
ringen und den Oliven in
die Schüssel geben und
die Zutaten mischen.
5. Die Knoblauchzehen
schälen, zerdrücken, mit
Essig, Salz und Pfeffer verrühren und die Marinade
unter den Salat heben.
6. Das Öl darübergießen
und den Salat einmal vor-
sichtig wenden.
(auf dem Foto: unten)

GEFÜLLTE SBRINZHERZEN

Für 18 Stück
*Zubereitungszeit: ca. 1 Std.
ca. 95 kcal pro Stück*

4 Scheiben TK-Blätterteig
(300 g)
2 Eigelb
30 g hauchdünn geschnittene
französische Salami
50 g Sbrinz

1. Die Blätterteigscheiben nebeneinanderlegen und etwa 10 Minuten antauen lassen. Die Eigelbe verquirlen. Die Salami in feine Streifen schneiden, den Sbrinz fein reiben.

2. Jede Teigplatte auf etwa 13 x 25 cm Größe ausrollen. Den Ofen auf 225° C vorheizen.

3. Aus zwei Teigplatten mit einer Herzform (ca. 7 cm Ø) möglichst platzsparend 18 Herzen ausstechen. Sie mit der Hälfte des Eigelbs bestreichen, mit Käse und Salami bestreuen. Dabei rundherum 1/2 cm Rand frei lassen.

4. Aus dem anderen Teig ebenfalls 18 Herzen ausstechen. Je eines auf ein belegtes Herz legen, die Ränder gut zusammendrücken und die Oberflächen mit dem restlichen Eigelb bestreichen.

5. Die Herzen auf ein kalt abgespültes Blech legen und 10 bis 15 Minuten backen.

(auf dem Foto: links)

KÄSE-KÜMMEL-STANGEN

Für 45 Stück
Zubereitungszeit: ca. 1 Std.
ca. 50 kcal pro Stück

6 Scheiben TK-Blätterteig
(450 g)
100 g Parmigiano-Reggiano
oder anderer Hartkäse
zum Reiben
2 Eigelb
weißer Pfeffer aus der Mühle
1 TL Kümmel

1. Die Blätterteigscheiben nebeneinanderlegen und etwa 10 Minuten antauen lassen. Danach die Scheiben einzeln auf etwa 15 x 30 cm Größe ausrollen.

2. Den Käse fein reiben. Die Eigelbe verquirlen.

3. Drei Teigplatten mit der Hälfte des Eigelbs bestreichen, mit dem Käse bestreuen und etwas Pfeffer darübermahlen. Den Backofen auf 225° C vorheizen.

4. Die belegten Teigplatten mit den restlichen Platten abdecken und diese gut andrücken.

5. Aus dem Teig etwa 2 cm breite Streifen ausradeln, sie mit dem restlichen Eigelb bestreichen und mit dem Kümmel bestreuen.

6. Die Streifen zu Spiralen drehen, auf ein kalt abgespültes Blech legen und dann 10 bis 15 Minuten backen.
(auf dem Foto: rechts)

PIKANTE PARTYBRÖTCHEN

16 Stück
Zeit zum Gehen: ca. 35 Min.
Zubereitungszeit: ca. 1/2 Std.
ca. 120 kcal pro Stück

375 g Mehl
1/2 Würfel Hefe
1 Prise Zucker
150 ml lauwarmes Wasser
1 TL Salz
1 TL Kümmel
2 EL Öl
100 g Emmentaler am Stück
10 g Schabzieger am Stück
Mohn, Sesam, Kümmel und
grobkörniges Salz zum
Bestreuen

1. Das Mehl in eine große Schüssel sieben, in die Mitte eine Mulde drücken und die Hefe, den Zucker und etwas lauwarmes Wasser hineingeben. Die Zutaten in der Mulde vorsichtig verrühren und den Vorteig zugedeckt etwa 10 Minuten gehen lassen.
2. Das restliche Wasser, das Salz, den Kümmel und das Öl dazugeben und den Teig mit den Händen gut durchkneten.
3. Den Emmentaler und den Schabzieger reiben. 3 Eßlöffel geriebenen Emmentaler zum Bestreuen beiseite stellen, den restlichen Käse unter den Teig kneten. Diesen zu einer Kugel formen und zugedeckt etwa 1/4 Stunde gehen lassen. Den Backofen auf 225° C vorheizen.

4. Aus dem Teig vier Rollen formen und sie jeweils in vier gleich große Stücke schneiden. Diese ebenfalls zu Rollen formen und jede in sieben gleich große Teile schneiden.
5. Die einzelnen Teigstückchen zu Kugeln formen. Jeweils sechs Kugeln um die siebte herum anordnen und leicht festdrücken.
6. Die blumenähnlichen Brötchen mit etwas Wasser bepinseln und nach Belieben mit dem restlichen Emmentaler sowie mit Kümmel, Mohn, Sesam oder Salz bestreuen.
7. Die Brötchen auf ein mit Wasser benetztes Blech legen und etwa 10 Minuten gehen lassen.
8. Die Brötchen etwa 1/4 Stunde bei 225° C backen, dann die Hitze auf 200° C reduzieren und die Brötchen weitere 10 Minuten backen.
(auf dem Foto oben)

Variation
Formen Sie aus dem Teig 16 Brötchen, und setzen Sie diese auf dem benetzten Blech zu einer großen Partysonne zusammen. Dann mit Wasser bestreichen und die Brötchen einzeln mit Sesam, Kümmel, Mohn oder Salz bestreuen. Die Partysonne nach obigem Rezept backen.

HEISSE PFEIFEN

Für 20 Stück
Zubereitungszeit: ca. 1/2 Std.
ca. 300 kcal pro Stück

200 g gekochter Schinken
200 g roher Schinken
200 g Emmentaler am Stück
150 g weiche Butter
500 g süße Sahne
weißer Pfeffer
Salz
10 große Laugenstangen
oder -spitzle
krause Petersilie

1. Den gekochten und den rohen Schinken in sehr feine Streifen schneiden. Den Emmentaler grob reiben. Den Backofen auf 200° C vorheizen.
2. Die Butter schaumig rühren, dann den Schinken und den Käse nacheinander darunterrühren.
3. Die Sahne steif schlagen, mit Pfeffer und Salz würzen und unter die Schinken-Käse-Masse heben.
4. Die Laugenstangen oder -spitzle der Länge nach halbieren und etwas aushöhlen. Die Schinken-Käse-Masse in die Vertiefungen füllen.
5. Die „gefüllten Pfeifen" auf ein kalt abgespültes Blech legen und etwa 10 Minuten backen. Mit etwas Petersilie garnieren und auf einer Platte warm servieren.
(auf dem Foto unten)

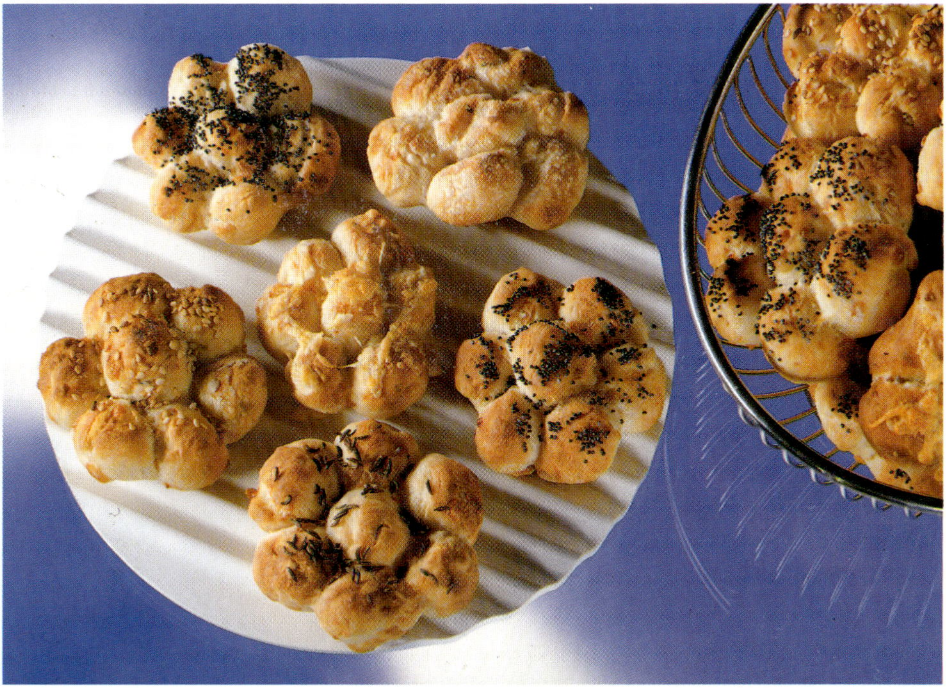

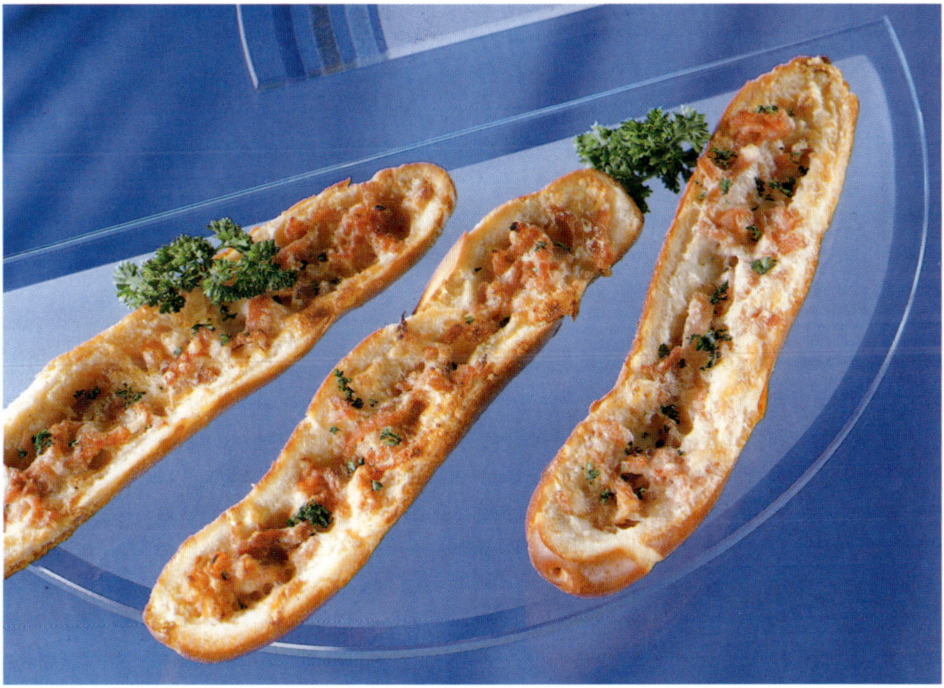

KÄSE MIT WÜRZIGER BEGLEITUNG

Seinen typischen Charakter zeigt Käse besonders bei Dips, Crèmes und anderen kalten Zubereitungen. Herzhaft angemacht, fein gewürzt oder in Öl eingelegt überrascht er den Feinschmecker immer wieder aufs neue.

(Frühlingspastete, Rezept Seite 40)

FRÜHLINGS-
PASTETE

Für 8 Stück
Zubereitungszeit: ca. ³⁄₄ Std.
Kühlzeit: ca. 4 Std.
ca. 195 kcal pro Stück

300 g Doppelrahmfrischkäse
50 g Mascarpone
25 g Grana padano oder
anderer Hartkäse zum Reiben
20 g Schabzieger
etwas Öl für die Form
1 Schalotte
¹⁄₂ TL eingelegte grüne
Pfefferkörner
50 g Zucchino
wenig Salz
etwas Knoblauchpulver
9 mit Paprika gefüllte Oliven
weißer Pfeffer
knapp ¹⁄₂ TL Paprikapulver
edelsüß
4 Radieschen
1 Bund Schnittlauch
etwas krause Petersilie

1. Den Doppelrahmfrischkäse zusammen mit dem
Mascarpone glattrühren.
Die Hälfte des geriebenen
Grana padano und die ge-
samte Menge des geriebe-
nen Schabziegers darun-
termischen.
2. Eine kleine Napfku-
chenform (15 cm ∅) mit
reichlich Öl ausstreichen.
Die Frischkäsemasse in
drei gleich große Portionen
teilen.
3. Die Schalotte schälen,
fein hacken, mit den Pfef-
ferkörnern mischen und
das Ganze mit einer Gabel
gut zerdrücken. Nun die

Mischung unter die erste
Frischkäseportion rühren,
diese in die Form füllen
und leicht andrücken.
4. Das Zucchinostück
schälen, grob raspeln und
unter die zweite Frisch-
käseportion rühren. Mit etwas Salz und Knoblauch-
pulver würzen. Die Crème
in die Form füllen, leicht andrücken und glattstreichen.
Etwas Grana padano
darauf streuen.
5. Acht Oliven fein hacken
und zusammen mit etwas
Pfeffer und dem Paprika-
pulver unter die letzte
Frischkäseportion mi-
schen. Die Creme in die
Form füllen, leicht an-
drücken und mit dem rest-
lichen Grana bestreuen.
6. Die Pastete zugedeckt
4 Stunden kühl stellen.
7. Die Radieschen zu Margeriten schneiden (siehe
Seite 13) und diese bei-
seite legen.
8. Vor dem Servieren die
Käsepastete auf eine runde
Platte stürzen und sie in
acht Stücke schneiden.
9. Den Schnittlauch waschen, trockentupfen, fein
wiegen und die Pastete damit rundherum bestreuen.
10. Die Radieschenmar-
geriten und die restliche
Olive in Scheiben auf die
Pastete legen. Die Mitte
mit etwas krauser Peter-
silie verzieren.
(auf dem Foto S. 38)

KÄSEKUGELN
MIT KRÄUTERN

Für 4 Stück
Zubereitungszeit: ca. ¹⁄₄ Std.
ca. 195 kcal pro Stück

175 g Mascarpone
10 g Schabzieger
weißer Pfeffer
3 EL gemischte, sehr fein
gehackte Kräuter (z. B. Dill,
Kerbel und Pimpinelle)
1 Bund Schnittlauch
4 Papierförmchen

1. Den gut gekühlten
Mascarpone in eine kalte
Keramikschüssel geben,
den Schabzieger darüber-
reiben und etwas Pfeffer
hinzufügen.
2. Die Crème mit einem
Löffel glattrühren. Die fein-
gehackten Kräuter dazu-
geben und darunter-
rühren.
3. Aus der Käsecreme mit
einem Eisportionierer oder
mit zwei Eßlöffeln vier Kugeln formen, sie auf einen
Teller setzen und zuge-
deckt kalt stellen.
4. Den Schnittlauch waschen, trockentupfen und
in Röllchen schneiden.
In ein Schälchen geben
und die Käsekugeln darin
wälzen.
5. Die Kugeln in die Papierförmchen setzen und
auf einem Teller servieren.
Dazu Baguettescheiben
oder auch Partybrötchen
(Rezept siehe Seite 36)
reichen.
(auf dem Foto rechts)

Obatzter

Für 4 Portionen
Zubereitungszeit: ca. 25 Min.
ca. 640 kcal pro Portion

400 g durchgereifter, aber
noch fester Camembert
45 % F. i. Tr.
175 g weiche Butter
1 Radieschen
1 mittelgroße rote Zwiebel
1 TL Paprikapulver edelsüß
1 Msp. weißer Pfeffer
3 EL helles Bier
1 Zweig frische krause
Petersilie
Kümmel nach Belieben

1. Den Camembert und
die Butter zwei Stunden
vor der Verarbeitung aus
dem Kühlschrank neh-
men. Das Radieschen zu
einer Margerite schneiden
(siehe Seite 13).
2. Den Camembert fein
würfeln und zusammen
mit der Butter in eine
Schüssel geben.
3. Die Zwiebel schälen,
fein hacken, dazugeben
und alles mit einer Gabel
kräftig zerdrücken, bis eine
geschmeidige Masse ent-
steht.
4. Paprikapulver, Pfeffer
und Bier darunterrühren
und den Obatzten in eine
Schale füllen.
5. Den Obatzten mit der
Radieschenmargerite und
einigen Petersiliensträußchen garnieren und mit
Kümmel bestreuen.
(auf dem Foto oben: links)

Gorgonzola-creme

Für 4 Portionen
Zubereitungszeit: ca. 10 Min.
ca. 200 kcal pro Portion

150 g Sahnegorgonzola
50 g Speisequark 20 % F. i. Tr.
1 Spritzer Zitronensaft
weißer Pfeffer
1 Prise Salz
4 Walnußkernhälften
einige schöne Blätter
Eisbergsalat
1 grüne Olive

1. Den Gorgonzola mit einer Gabel zerdrücken und
zusammen mit dem Quark
und dem Zitronensaft glattrühren. Mit Pfeffer und
Salz abschmecken.
2. Die Walnußkernhälften
grob hacken und unter die
Creme heben.
3. Die Salatblätter waschen, trockenschleudern
und einen mittelgroßen, flachen Teller damit auslegen.
4. Die Gorgonzolacreme
in die Mitte setzen und mit
der Olive garnieren
(auf dem Foto oben: rechts)

─ Feinschmecker-Tip ─

Die Gorgonzolacreme
eignet sich als Brotauf-
strich oder als Dip zu
rohen Gemüsestreifen
(Möhren, Bleichsellerie,
Salatgurke).

Tomaten mit Kräuterricotta

Für 8 Stück
Zubereitungszeit: ca. 1/4 Std.
ca. 59 kcal pro Stück

8 kleine feste Tomaten
200 g ungesalzene Ricotta
1/2 TL geriebener Schabzieger
1 Spritzer Zitronensaft
weißer Pfeffer
Salz
1 Bund Dill
1/2 Bund Schnittlauch
1/2 Bund krause Petersilie
2 Blättchen Zitronenmelisse
krause Petersilie und
Zitronenmelisse zum
Garnieren

1. Die Tomaten waschen
und abtrocknen. Jeweils
oben einen Deckel ab-
schneiden und das Frucht-
fleisch mit einem Löffel herauslösen.
2. Die Ricotta in eine
Schüssel geben und zu-
sammen mit dem geriebe-
nen Schabzieger, etwas
Zitronensaft, Pfeffer
sowie Salz glattrühren.
3. Die Kräuter waschen,
trockenschleudern und
beim Dill und bei der Petersilie die dicken Stiele entfernen. Die Kräuter fein
wiegen und unter die
Käsecreme mischen.
4. Die Ricottacreme in
einen Spritzbeutel mit gezackter Tülle füllen und in
die Tomaten spritzen. Mit
etwas Petersilie oder Zitronenmelisse garnieren.
(auf dem Foto unten)

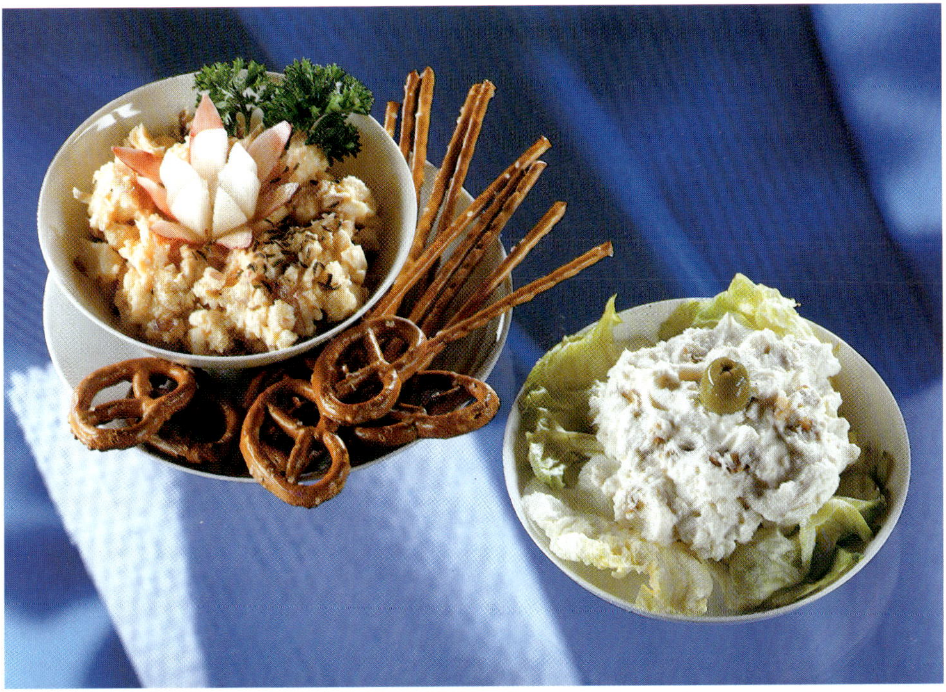

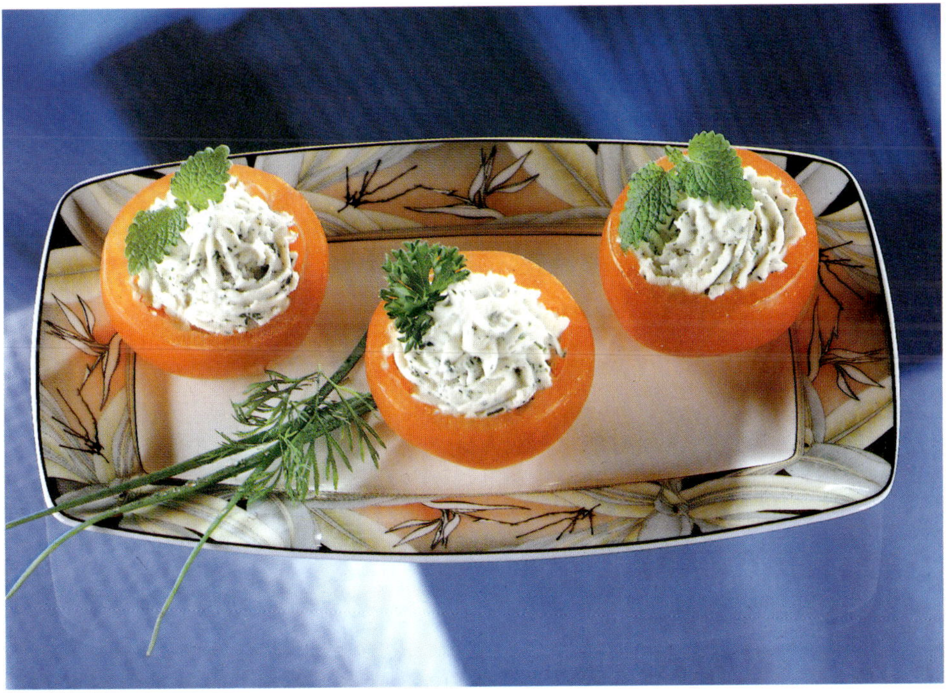

Pikante Käsetorte

Für 12 Stück

Zubereitungszeit: ca. 1¼ Std.
Kühlzeit: ca. 2¾ Std.
ca. 440 kcal pro Stück

Für den Quarkblätterteig:

170 g Mehl
150 g Magerquark
150 g Butter
½ TL Salz
Mehl zum Ausrollen

Für die Füllungen:

600 g Doppelrahmfrischkäse
150 g süße Sahne
weißer Pfeffer, Salz
30 g Walnußkernhälften
30 g geriebener Emmentaler
200 g ungesalzene Ricotta
10 g Schabzieger
1 Spritzer Zitronensaft
je ½ Bund Dill, Petersilie und
Schnittlauch

Außerdem:

50 g gehobelte Mandeln
6 Cornichons
12 Kirschtomaten
½ Bund krause Petersilie

1. Für den Teig das Mehl in eine Schüssel sieben und den Quark, die Butter in Stückchen und das Salz hinzufügen. Die Zutaten zu einem glatten Teig verkneten, ihn zu einer Kugel formen und etwa 20 Minuten kühl stellen.
2. Den Teig etwa 1 cm dick als Oval ausrollen, die schmalen Seiten übereinanderschlagen und den Teig nochmals etwa 20 Mi-nuten kühl stellen. Den Backofen auf 225° C vorheizen.
3. Dann den Teig durchkneten, in drei gleich große Stücke teilen und jedes Stück auf einer leicht bemehlten Unterlage rund ausrollen. Einen Springformrand (26 cm ∅) auf die Teigplatten legen und diese mit einem spitzen Messer auf die Größe der Form zuschneiden.
4. Den Springformboden kalt abspülen, die erste Teigplatte darauf legen, mit einer Gabel mehrmals einstechen und etwa 10 Minuten backen. Dann vorsichtig vom Blech nehmen und abkühlen lassen. Die restlichen Tortenböden ebenso backen.
5. Für die Füllung den Frischkäse mit der Sahne schaumig rühren, mit Pfeffer und Salz würzen und die Masse halbieren. Die Walnußkernhälften grob hacken.
6. Unter die eine Hälfte der Frischkäsecreme die Walnußkerne und den geriebenen Emmentaler heben und die Masse auf den ersten Tortenboden streichen. Den zweiten Boden darauf setzen. Die restliche Frischkäsecreme kühl stellen.
7. Für die zweite Füllung die Ricotta mit dem geriebenen Schabzieger und etwas Zitronensaft verrühren. Die Kräuter waschen, trockentupfen und beim Dill und bei der Petersilie die dicken Stiele entfernen. Die Kräuter fein wiegen und unter die Ricotta mischen.
8. Die Creme vorsichtig auf den zweiten Boden streichen und den letzten Boden darauf setzen.
9. Den Deckel und den Rand der Torte mit zwei Dritteln der restlichen Frischkäsecreme bestreichen. Den Rand mit den Mandelblättchen garnieren und auf der Oberfläche nun 12 Tortenstücke anzeichnen.
10. Die restliche Käsecreme in einen Spritzbeutel mit gezackter Tülle füllen und auf jedes Tortenstück einen Tupfen spritzen.
11. Die Kirschtomaten waschen, abtrocknen und auf die Tupfen setzen. Die Cornichons der Länge nach halbieren und je eine Hälfte auf ein Tortenstück legen. Zuletzt die Torte mit Petersiliensträußchen garnieren. Bis zum Servieren kühl stellen und dann erst aufschneiden.

Variation
Statt mit Kirschtomaten können Sie die Torte auch mit Tomatenrosen (siehe Seite 13) garnieren.

Eingelegter Weisslacker

Für 4 Portionen
*Zubereitungszeit: ca. ¼ Std.
Zeit zum Durchziehen:
2–3 Wochen
ca. 460 kcal pro Portion*

7 Wacholderbeeren
1 TL Kümmel
5 Schalotten
2 Zweige Thymian
*500 g Weißlacker am Stück
oder 8 Würfel zu je 62,5 g*
¼–½ l Sojaöl

1. Die Wacholderbeeren im Mörser grob zerstoßen und zusammen mit dem Kümmel in ein dicht schließendes, großes Glas geben.
2. Die Schalotten schälen und halbieren. Den Thymian waschen und trockentupfen. Beides ebenfalls ins Glas geben.
3. Den großen Weißlacker in fingerdicke Scheiben schneiden und sie vierteln. Falls Sie Portionswürfel nehmen, diese in fingerdicke Scheiben schneiden. Dann die Käsescheiben möglichst platzsparend ins Glas schichten.
4. So viel Öl darübergießen, daß es etwa 1 cm über dem Käse steht. Das Glas gut verschließen und den Käse 3 bis 4 Wochen an einem kühlen Ort durchziehen lassen.
(auf dem Foto: oben)

Handkäse mit Musik

Für 4 Portionen
*Zubereitungszeit: ca. ¼ Std.
Zeit zum Durchziehen: 24 Std.
ca. 275 kcal pro Portion*

400 g Mainzer Handkäse
100 ml heiße klare Fleischbrühe
5 EL Weinessig
2 rote Zwiebeln
weißer Pfeffer
Salz
1 TL Kümmel
5–7 EL Sonnenblumenöl

1. Die Handkäsescheiben halbieren und so in eine flache Keramikschüssel legen, daß sie sich leicht überlappen.
2. Die heiße Fleischbrühe mit dem Essig verrühren. Die Zwiebeln schälen, halbieren und in feine Scheiben schneiden.
3. Zwiebeln, Pfeffer, Salz und Kümmel in den heißen Essigsud geben und ihn erkalten lassen.
4. Das Öl in den Sud rühren und ihn über den Käse gießen. Den Handkäse zugedeckt 24 Stunden im Kühlschrank durchziehen lassen.
(auf dem Foto: Mitte)

Eingelegter Schafskäse

Für 4 Portionen
*Zubereitungszeit: ca. ¼ Std.
Zeit zum Durchziehen:
ca. 1 Woche
ca. 255 kcal pro Portion*

250 g griechischer Feta
1 Bund Dill
1 kleine Knoblauchzehe
frisch gemahlener schwarzer Pfeffer
½ TL Senfkörner
ca. ¼ l Olivenöl

1. Den Feta in etwa 3 cm große Würfel schneiden. Den Dill waschen, trockentupfen und zur Hälfte fein hacken. Von den restlichen Zweigen die Fähnchen abzupfen. Die Knoblauchzehe schälen und fein hacken.
2. Den Käse abwechselnd mit dem gehackten Dill, etwas Pfeffer und dem Knoblauch in ein hübsches, verschließbares Glas schichten.
3. Die Senfkörner im Mörser zerstoßen und zusammen mit den Dillzweigen hinzufügen.
4. So viel Olivenöl darübergießen, daß es den Käse vollständig bedeckt.
5. Das Glas verschließen, in den Kühlschrank stellen und den Käse mindestens 1 Woche durchziehen lassen.
(auf dem Foto: unten)

UNWIDER-STEHLICHE KÄSEPLATTEN

Ob als pikantes Dessert, als Snack am Abend zu Bier und Wein oder ganz groß und üppig zu festlichen Anlässen, kleine und große Käseplatten ziehen die Aufmerksamkeit immer auf sich. Die Vielfalt der Käsesorten ist bei der Zusammenstellung ebenso wichtig wie ihre geschmackliche Harmonie und das Arrangement.

(Bunte Schnittkäseplatte, Rezept Seite 50)

BUNTE SCHNITT-KÄSEPLATTE

Für 6–8 Portionen
*Zubereitungszeit: ca. ¹/₂ Std.
ca. 655 kcal pro Portion*

1 Kopf Friséesalat
16 Tête-de-Moine-Blüten
(siehe Seite 12)
8 Salzbrezeln
1 runder Bresso mit grünem
Pfeffer (200 g)
je 8 gleich große Scheiben
Holländischer Edamer,
Englischer Cheddar,
Trappistenkäse und
Emmentaler
6 kleine, feste Tomaten

1. Den Salat verlesen, die Blätter waschen und trockenschleudern. Sie entlang der beiden langen Seiten und auf der Mittellinie einer großen, rechteckigen Platte auslegen.
2. Je zwei Tête-de-Moine-Blüten in die Löcher einer Salzbrezel stecken und die acht Brezeln auf das mittlere Salatblatt legen.
3. Den Bresso achteln und jeweils vier Stücke rechts und links neben das mittlere Salatblatt legen.
4. Die Käsescheiben, nach Sorten getrennt, sich leicht überlappend in Reihen auf die Platte legen.
5. Aus den Tomaten Röschen herstellen (siehe Seite 13) und sie jeweils zwischen die Bressostücke legen.
(auf dem Foto S. 48)

KÄSEPLATTE WINZERIN

Für 4 Portionen
*Zubereitungszeit: ca. 20 Min.
ca. 600 kcal pro Portion*

1 Stück Saint-Albray (150 g)
1 Stück Bonifaz mit grünem
Pfeffer (125 g)
1 Stück Brie (150 g)
2 Scheiben Appenzeller (50 g)
4 kleine Erdbeeren
1 Scheibe Ananas aus der
Dose
4 lange Spießchen
200 g grüne Weintrauben
Weinblätter
krause Petersilie
1 Stück Pyrenäenkäse (150 g)
4 Scheiben Bruder Basil oder
anderer Räucherkäse (125 g)

1. Den Saint-Albray von einer Seite viermal tief einschneiden. Den Bonifaz in kleine Ecken schneiden. Den Brie einmal diagonal teilen. Die beiden Dreiecke auch halbieren, so daß vier Ecken entstehen. Die Appenzellerscheiben in vier lange Streifchen schneiden.
2. Die Erdbeeren kurz waschen, putzen und trockentupfen. Die abgetropfte Ananasscheibe vierteln.
3. Auf die Spieße zunächst jeweils das eine Ende eines Appenzellerstreifens stecken, dann eine Erdbeere und danach den Käsestreifen in die Mitte aufspießen. Nun das Ananasstück und das zweite Ende des Käsestreifens auf den Spieß stecken. Der Käsestreifen bildet eine Welle zwischen der Erdbeere und dem Ananasstück.
4. Die Weintrauben, die -blätter sowie die Petersilie waschen und etwas trockentupfen. Die Weintrauben zusammen mit den -blättern ganz hinten auf eine runde Holzplatte legen.
5. Rechts neben die Trauben den Pyrenäenkäse und daneben den St. Albray legen. Die Einschnitte des Käses ein bißchen auseinanderdrücken und jeweils etwas Petersilie hineinstecken.
6. Die Bonifazecken geradlinig nach vorn anordnen. Die Räucherkäsescheiben einmal umbiegen und dachziegelartig links daneben legen.
7. Die Brieecken mit den Spitzen zu den Trauben hin ebenfalls dachziegelartig daneben plazieren. Die Spieße an den linken Rand legen.
(auf dem Foto rechts)

KÄSETELLER MIT EXOTISCHEN FRÜCHTEN

Für 4 Portionen
Zubereitungszeit: ca. 20 Min.
ca. 460 kcal pro Portion

½ *runder Camembert*
50 % F. i. Tr. (62,5 g)
4 Spießchen
4 Kapstachelbeeren
1 Scheibe runder Edelpilz-käse, z. B. Blue Bayou (125 g)
1 frische Feige
1 Kiwi
100 g französischer Butter-käse (z. B. Bonbel) am Stück
1 Babyananas
4 Scheiben Bergkäse (100 g)
4 Tête-de-Moine-Blüten
(siehe Seite 12)

1. Die Camemberthälfte in vier Tortenstückchen teilen. Auf jedes Spießchen eine Kapstachelbeere und ein Camembertdreieck stecken.

2. Die Edelpilzkäsescheibe vierteln. Die Feige waschen und in dünne Scheiben schneiden.

3. Die Kiwi schälen und vier dicke Scheiben abschneiden. Den Butterkäse mit einem Buntmesser in dicke Würfel schneiden. Die Babyananas unten geradeschneiden, damit sie Stand bekommt.

4. Die Babyananas an den hinteren Rand eines großen Tellers stellen. Auf der rechten Seite davor die Camembertspießchen anordnen. Auf der linken Seite die Edelpilzkäse viertel dachziegelartig plazieren. Die Feigenscheiben ebenso daneben anordnen.

5. Die Bergkäsescheiben einmal umbiegen und dachziegelartig entlang des vorderen Randes legen.

6. Die vier Kiwischeiben einmal bis zur Mitte einschneiden, in die Kerbe je eine Tête-de-Moine-Blüte klemmen und die Blüten links neben der Ananas anordnen. Die Butterkäsewürfel in die Mitte des Tellers legen.

Variation
Statt der Feige können Sie auch Kiwischeiben und geviertelte Ananasringe im Wechsel auf die Platte legen. Kleine Spießchen mit frischen Früchtestücken von Ananas, Mango und Kiwi sorgen ebenfalls für Abwechslung.

KLEINE KÄSEPLATTE

Für 4 Portionen
Zubereitungszeit: ca. ½ Std.
ca. 530 kcal pro Portion

*3 schöne Blätter Eichblatt-
oder roter Kopfsalat*
*4 Tête-de-Moine-Blüten
(siehe Seite 12)*
*½ kleine Cantaloupemelone
(250 g)*
*½ größerer, runder Camem-
bert 45 % F. i. Tr. (100 g)*
100 g Chaumes am Stück
150 g Tilsiter in Scheiben
4 Scheiben Emmentaler
2 frische Feigen
100 g Bel Paese am Stück

1. Die Salatblätter waschen, trockenschleudern
und an den hinteren Rand
einer ovalen Platte legen.
Die Tête-de-Moine-Blüten
darauf setzen.
2. Aus der Melone die
Kerne herausschaben und
aus dem Fruchtfleisch mit
einem Kugelausstecher
kleine Kugeln herauslösen.
Sie auf den Salat setzen.
3. Den Camembert halbieren. Die Stücke links und
den Chaumes rechts neben
den Salat plazieren.
4. Die Tilsiterscheiben in
Rauten schneiden, die
Emmentalerscheiben dia-
gonal halbieren. Die Feigen
waschen und in dünne
Scheiben schneiden.
5. Die Käse- und die Feigenscheiben getrennt
dachziegelartig auf der
Platte anordnen.

6. Den Bel Paese klein-
würfeln und rechts und
links an die Plattenränder
legen.
(auf dem Foto oben)

FEINE KÄSEPLATTE

Für 4 Portionen
Zubereitungszeit: ca. ½ Std.
ca. 580 kcal pro Portion

*100 g Hobelkäse
(z. B. Saanen, Spalen oder
Sbrinz)*
100 g Coulommiers am Stück
*150 g mittelalter Gouda
am Stück*
*100 g Ziegenkäse in Form
einer Rolle*
125 g Roquefort
4 Erdbeeren
1 vollreifer Pfirsich
einige Sträußchen Feldsalat
80 g Doppelrahmfrischkäse

1. Den Hobelkäse mit
einem Käsehobel in mög-
lichst dünne Scheiben
hobeln. Den Coulommiers
vierteln.
2. Den Gouda in 1 cm
dicke Balken, den Ziegen-
käse in dünne Scheiben
schneiden. Den Roquefort
zweimal diagonal halbie-
ren, so daß nur Dreiecke
entstehen.

3. Die Erdbeeren wa-
schen, die Blütenblätter
nicht entfernen. Den Feldsalat verlesen, waschen,
trockenschleudern und als
„Nest" in die hintere linke
Ecke einer rechteckigen
Platte legen. Die Erd-
beeren darauf setzen.
4. Den gehobelten Käse
zu Röllchen zusammenrol-
len und sie strahlenförmig
an den Feldsalat legen.
5. Den Pfirsich halbieren,
den Kern entfernen und
die Hälften nochmals
teilen. Den Frischkäse in
einen Spritzbeutel mit gezackter Tülle füllen und als
Rosetten auf die Pfirsichviertel spritzen.
6. Die Pfirsichviertel im
Wechsel mit den Coulom-
miersstücken sternförmig
in der rechten vorderen
Ecke anordnen.
7. Auf der Diagonalen der
Platte zunächst zwei
Roquefortdreiecke, dann
die Ziegenkäsescheiben
und zuletzt wieder zwei
Roquefortdreiecke ausle-
gen. Die Scheiben sollten
sich dabei stets leicht
überlappen.
8. Parallel zu der Diagonalen die Goudabalken sich
ebenfalls leicht überlap-
pend auslegen.
(auf dem Foto unten)

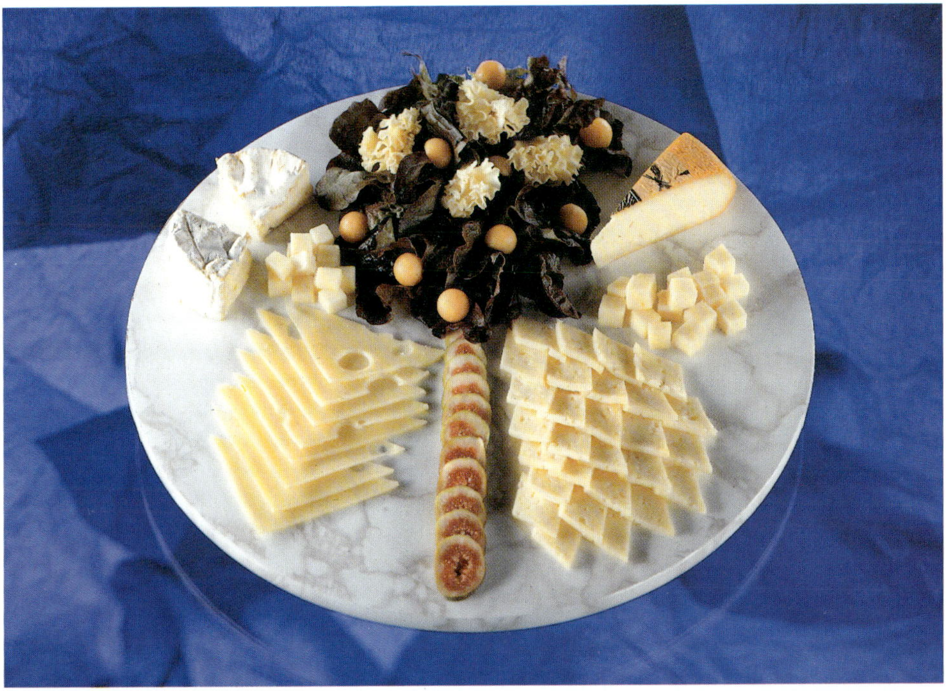

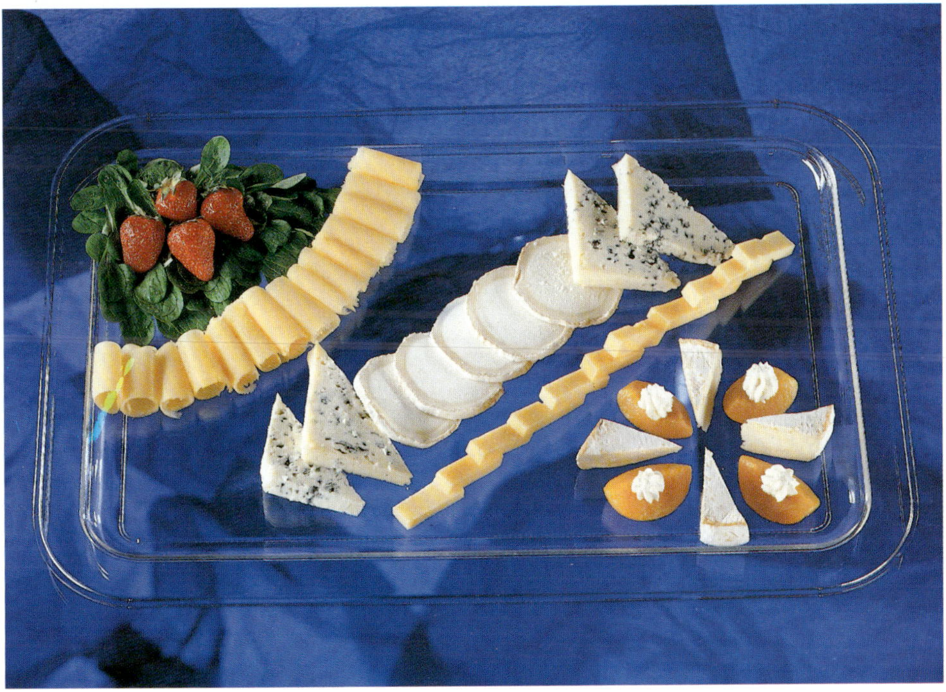

GROSSE KÄSEPLATTE

Für 6–8 Portionen
Zubereitungszeit: ca. 40 Min.
ca. 1430 kcal pro Portion

1 Tête de Moine ($\frac{1}{2}$ oder 1 kg)

je 200 g blaue und grüne

Weintrauben

250 g Roquefort am Stück

400 g Emmentaler oder Berg-

käse am Stück

300 g Freiburger Vacherin

am Stück

1 runder Weichkäse mit

Weißschimmel (300 g)

250 g Provolone dolce

am Stück

2 Scheiben Brick

(125 g, jeweils 1 cm dick)

9 Kirschtomaten

9 Spießchen

etwas Petersilie

1 Cantaloupemelone

200 g junger Gouda

am Stück

1 Birne

1 Pfirsich

1 Kiwi

schwarzer Pfeffer

aus der Mühle

3 EL Weißwein

250 g kalte Butter

1. Für den Tête de Moine benötigen Sie eine Girolle (siehe Seite 12). Den Käse vorbereiten, wie auf Seite 12 beschrieben.
2. Den Tête de Moine auf der Girolle ganz hinten auf eine große Platte stellen. Die Weintrauben waschen, trockentupfen und rechts und links von der Girolle anordnen.

3. Rechts vor die Trauben den Roquefort, in die Mitte den Emmentaler oder den Bergkäse und links daneben den Vacherin legen. Vor den Roquefort den Weichkäse und vor den Emmentaler den Provolone plazieren.
4. Die eine Brickscheibe in kleine Würfel schneiden und diese mit je einer Kirschtomate auf Spießchen stecken. Die zweite Scheibe zweimal diagonal halbieren, so daß vier Dreiecke entstehen. Sie dachziegelartig links neben dem Provolone anordnen und die Spießchen daneben stellen.
5. Vom Tête de Moine acht Blüten abschaben und sie zwischen die Spießchen legen.
6. Die Petersilie waschen, trockenschleudern, zu Sträußchen zusammenfassen und diese ebenfalls zwischen die Spießchen legen.
7. Die Melone halbieren, mit einem Löffel die Kerne herausschaben und das Fruchtfleisch mit einem Kugelausstecher herauslösen. Jede Hälfte am Rand in Zacken schneiden. Die Unterseiten geradeschneiden, damit die Halbkugeln Stand bekommen.
8. Den Gouda in knapp 1 cm große Würfel schneiden. Die Birne schälen,

entkernen und würfeln. Den Pfirsich waschen, halbieren, entsteinen und zusammen mit der geschälten Kiwi würfeln.
9. Die Obstwürfel zusammen mit den Melonenkugeln und den Goudawürfeln in eine Schüssel geben und mit etwas Pfeffer und dem Wein mischen.
10. Den Fruchtsalat in die beiden Melonenhälften füllen, ihn in der Mitte jeweils etwas anhäufen und die Melonen vorn auf die Platte stellen.
11. Kurz vor dem Servieren die kalte Butter mit dem Butterschneidegerät zu Locken formen oder mit einem Buntmesser in Scheiben oder Ecken schneiden. Die Butterstückchen auf einen Teller legen und ihn neben die Käseplatte stellen.

FEINSCHMECKER-TIP

Obligatorisch zu großen Käseplatten ist stets ein üppiger Brotkorb: Die richtigen Begleiter zum Käse sind kleine Partybrötchen, frisches Baguette, dunkle Brotsorten, Pumpernickel und Spezialbrote wie Kümmelbrot, Zwiebel- oder Speckbrot.

BAYERISCHE KÄSEBROTZEIT

Für 4 Portionen
*Zubereitungszeit: ca. 20 Min.
ca. 820 kcal pro Portion*

100 g weiche Butter

125 g durchgereifter Camembert 45 % F. i. Tr.

1 EL Crème fraîche

1 kleine Zwiebel

1/2 Bund Radieschen

Pfeffer

Salz

100 g Emmentaler am Stück

100 g Romadur 60 % F. i. Tr. am Stück

100 g Butterkäse am Stück

1 TL Paprikapulver edelsüß

1 TL Kümmel

1 Würfel Weißlacker (62,5 g)

1 TL Schnittlauchröllchen

100 g sehr kalte Butter

krause Petersilie
zum Garnieren

1. Die weiche Butter schaumig rühren. Den Camembert mit einer Gabel fein zerdrücken und zusammen mit der Crème fraîche unter die Butter rühren.
2. Die Zwiebel schälen und sehr fein hacken. Die Radieschen waschen und putzen. Zwei Stück für die Garnitur beiseite legen, die restlichen in feine Stifte schneiden.
3. Zwiebel und Radieschen in die Käsecreme einrühren und diese mit Pfeffer und Salz pikant würzen. Die Creme in ein Schälchen füllen.
4. Den Emmentaler als ganzes Stück hinten auf ein rundes Holzbrett plazieren. Den Romadur von der schmalen Seite her zur Hälfte in Scheiben schneiden. Die Scheiben und das verbleibende Stück links neben den Emmentaler legen. Davor die Camembertcreme stellen.
5. Den Butterkäse in drei dicke Balken schneiden. Das Paprikapulver und den Kümmel getrennt auf zwei Teller streuen und je einen Käsebalken hineindrücken.
6. Die beiden gewürzten Käsestücke zusammen mit dem dritten dachziegelartig vorn auf das Brett legen.
7. Den Weißlacker diagonal halbieren, die Schnittflächen in die Schnittlauchröllchen tauchen und beide Käsehälften in die Mitte des Brettes legen.
8. Mit einem Kugelausstecher aus der kalten Butter Kugeln herauslösen. Den Ausstecher dabei zwischendurch immer wieder in Wasser tauchen. Die Butterkugeln und einige Petersiliensträußchen an den rechten Rand des Brettes legen.
(auf dem Foto oben)

ITALIENISCHER KÄSETELLER

Für 4 Portionen
*Zubereitungszeit: ca. 10 Min.
ca. 575 kcal pro Portion*

150 g Bel Paese am Stück

150 g Fontal am Stück

150 g Taleggio am Stück

150 g blaue und grüne Weintrauben

150 g junger Provolone picante am Stück

150 g Pecorino picante am Stück

1. Den Bel Paese und den Fontal in jeweils zwei schmale Ecken schneiden. Den Taleggio quer in vier gleich große Stücke teilen.
2. Den Käse auf einer runden Platte im Uhrzeigersinn anordnen: Zunächst die gewaschenen Weintrauben in die Plattenmitte legen. Die Bel-Paese-Ecken nebeneinander an den Rand legen, dann die beiden Fontalecken daneben plazieren.
3. Den Provolone und die vier Taleggiostücke sich leicht überlappend daneben legen. Den Kreis dann mit dem Pecorinostück schließen.
(auf dem Foto unten)

┌─ FEINSCHMECKER-TIP ─┐

Dekorieren Sie die Platte mit bunten Bändern in den italienischen Landesfarben.

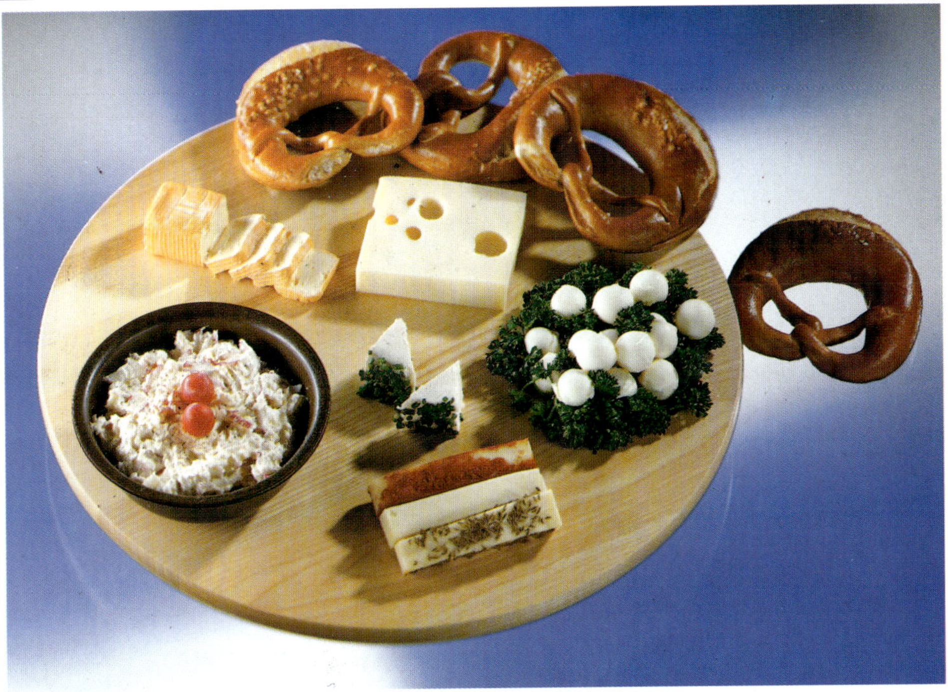

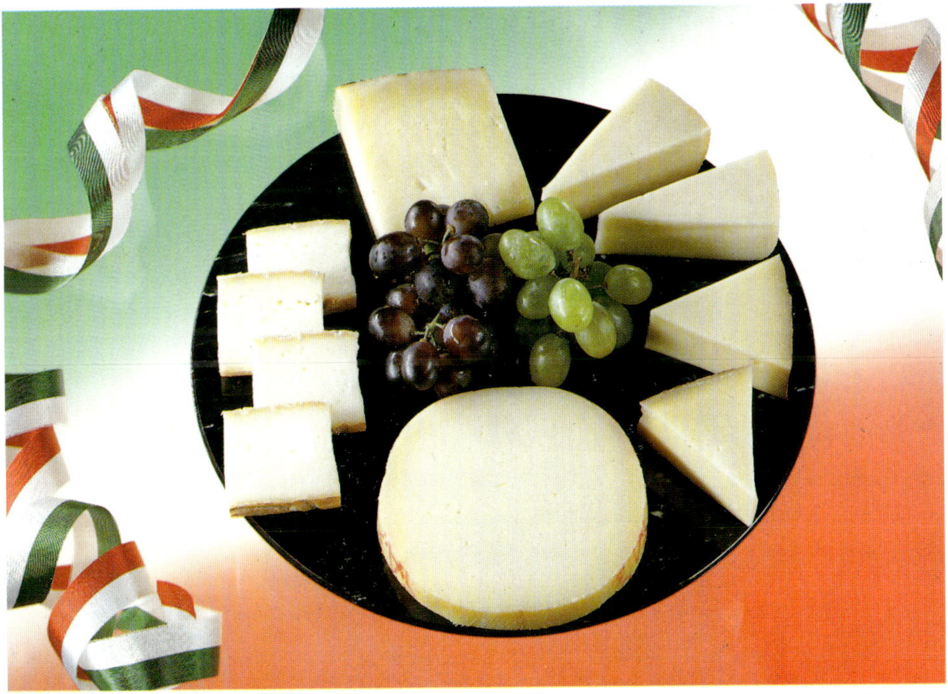

KÄSEPLATTE INTERNATIONAL

Für 6–8 Portionen
Zubereitungszeit: ca. 35 Min.
ca. 1316 kcal pro Portion

250 g Pecorino romano
am Stück
2 Scheiben Stilton (200 g)
200 g Gorgonzola am Stück
250 g Manchego in Scheiben
250 g Allgäuer Bergkäse
in Scheiben
250 g Fontina in Scheiben
1 Scheibe Dänischer Höhlenkäse (200 g, 1 cm dick)
200 g Leerdammer am Stück
150 g Hobelkäse, z. B. Saanen oder Sbrinz am Stück
je 200 g blaue und grüne
Weintrauben
6 Mini-Babybel
4 mit Paprika gefüllte Oliven
4 Silberzwiebeln
4 lange Spießchen
200 g junger Limburger
am Stück
300 g Tortenbrie
12 Fahnenspieße mit euro-
päischen Flaggensymbolen

1. Den Pecorino in die
Mitte einer großen, runden
Platte legen. Die anderen
Käsesorten im Uhrzeiger-
sinn um ihn herum anord-
nen: Die Stiltonscheiben
halbieren und sich leicht
überlappend von der Mitte
zum Rand hin legen.
2. Den Gorgonzola mit
einem Schneidedraht in
Scheiben schneiden und
sie versetzt und sich überlappend neben dem Stil-
ton anordnen.

3. Die Manchego-, die
Bergkäse- und die Fontina-
scheiben nach Sorten
getrennt ebenso auf die
Platte legen.
4. Die Höhlenkäsescheibe
zweimal quer durchschnei-
den und die Stücke dach-
ziegelartig anordnen.
5. Den Leerdammer in
kleine Balken schneiden
und danebenlegen.
6. Den Hobelkäse in
dünne Scheiben hobeln,
sie zusammenrollen und
neben dem Leerdammer
anordnen. Die Trauben
waschen und vier blaue
Trauben beiseite legen.
7. Von den Mini-Babybels
die Wachshüllen entfernen,
die Stücke halbieren und
je drei Hälften im Wechsel
mit einer Olive, einer
Silberzwiebel und einer
Traube auf ein Spießchen
stecken. Die Spieße neben
den Hobelkäse legen.
8. Den Limburger in dünne Scheiben schneiden
und sie dachziegelartig
auslegen.
9. Den Brie in drei schmale Tortenstücke teilen und
sie neben den Spießchen
anordnen.
10. Die restlichen Trauben als Abgrenzung zwi-
schen den Brie und den
Stilton legen.
11. In jede Käsesorte ein
Spießchen mit der Natio-
nalflagge des Herkunfts-
landes stecken.

FRANZÖSISCHE KÄSEPLATTE

Für 4 Portionen

Zubereitungszeit: ca. ¹/₂ Std.
ca. 515 kcal pro Portion

4 Mini-Babybel
100 g Le Carré (quadratischer Weichkäse mit Weißschimmel) am Stück
100 g Roquefort am Stück
150 g Comté am Stück
einige Weinblätter
4 Spießchen
2 Kirschtomaten
2 grüne mit Paprika gefüllte Oliven
100 g grüne oder rote Weintrauben
1 Birne
100 g Munster am Stück

1. Von den Mini-Babybels die Wachsschicht oben und unten wie ein Dreieck einschneiden und dann seitlich die Wachshüllen entfernen.

2. Den Carré in Scheiben, den Roquefort in Würfel und den Comté in fingerdicke Balken schneiden.

3. Eine runde oder ovale Platte mit den Weinblättern belegen. Zwei Spießchen mit je einem Roquefortwürfel und einer Kirschtomate und zwei weitere Spießchen mit je einem Roquefortwürfel und einer Olive bestücken.

4. Die Spießchen vorn auf der Platte anordnen, die restlichen Roquefortwürfel und die gewaschenen Trauben daneben legen.

5. Dahinter die Mini-Babybels und die Carréscheiben arrangieren.

6. An den hinteren Rand der Platte das Stück Munster und die Comtébalken plazieren.

7. Die Birne waschen, vierteln, das Kerngehäuse entfernen und die Viertel in schmale Spalten schneiden. Diese fächerförmig neben den Munster legen.

FALKEN-FEINSCHMECKER

ISBN: 3-8068-**1192**-X

ISBN: 3-8068-**1191**-1

Eine weitere Auswahl aus unserer Kochbuchreihe:

Lamm
ISBN: 3-8068-**1090**-7

Fisch
ISBN: 3-8068-**0964**-X

Meeresfrüchte
ISBN: 3-8068-**0886**-4

Pfannengerichte
ISBN: 3-8068-**1007**-9

Knoblauch
ISBN: 3-8068-**0867**-8

Kartoffeln
ISBN: 3-8068-**1032**-X

Karibische Drinks
ISBN: 3-8068-**1150**-4

Mixen mit Milch
ISBN: 3-8068-**1151**-2

Italienische Spezialitäten
ISBN: 3-8068-**1152**-0

Chinesische Spezialitäten
ISBN: 3-8068-**1153**-9

Gerichte für eine Person
ISBN: 3-8068-**1154**-7

Brotaufstriche
ISBN: 3-8068-**1155**-5

Suppen
ISBN: 3-8068-**1031**-1

Aufläufe
ISBN: 3-8068-**0882**-1

Saucen
ISBN: 3-8068-**0817**-1

Gemüse
ISBN: 3-8068-**1061**-3

Brunch
ISBN: 3-8068-**1033**-8

Kochen mit Mikrowellen
ISBN: 3-8068-**0818**-X

Nudeln
ISBN: 3-8068-**0884**-8

Antipasti
ISBN: 3-8068-**1006**-0

Grillen
ISBN: 3-8068-**0931**-3

Fleischfondues
ISBN: 3-8068-**0966**-6

Jeder Band mit 64 Seiten und ca. 50 Farbfotos zum
Preis von DM 9,80, S 79,–, SFr 9,80

Schlemmersalate
ISBN: 3-8068-**0934**-8

Kräuterküche
ISBN: 3-8068-**0869**-4

Müsli & Co.
ISBN: 3-8068-**0965**-8

Vollwertkost für Kinder
ISBN: 3-8068-**0968**-2

Vollkorngebäck
ISBN: 3-8068-**0816**-3

Desserts
ISBN: 3-8068-**0885**-6

Toasts und Sandwiches
ISBN: 3-8068-**1109**-1

Longdrinks
ISBN: 3-8068-**1162**-1

Rezeptverzeichnis

Abkürzungen

EL	=	Eßlöffel
TL	=	Teelöffel
g	=	Gramm
ml	=	Milliliter
l	=	Liter
mind.	=	mindestens
F. i. Tr.	=	Fett in der Trockenmasse

In der Zutatenliste beziehen sich die **Mengen-angaben** auf die Rohware; durchschnittlich anfallende Abfallmengen sind mit einkalkuliert.
Kalorienangaben:
Alle Kalorienangaben in diesem Buch beziehen sich auf eine Portion des jeweiligen Gerichtes.
Die **Zubereitungszeit** umfaßt die Vorbereitungs- sowie die Garzeit, falls keine gesonderten Angaben gemacht werden.

„FALKEN Feinschmecker" ist eine exquisite Kochbuchreihe, deren Bände immer einem besonderen Thema gewidmet sind. So kommt jeder Genießer auf seine Kosten. Fragen Sie Ihren Buchhändler.

Die Deutsche Bibliothek –
CIP-Einheitsaufnahme

Carlsson, Sonja:
Käseplatten : raffiniert kombiniert, schön dekoriert / Sonja Carlsson. – Niedernhausen/Ts. : FALKEN, 1991
   (FALKEN Feinschmecker)
   ISBN 3-8068-1192-X
NE: HST

ISBN 3 8068 1192 X

© 1991 by Falken-Verlag GmbH,
6272 Niedernhausen/Ts.
Die Verwertung der Texte und Bilder, auch auszugsweise, ist ohne Zustimmung des Verlags urheberrechtswidrig und strafbar. Dies gilt auch für Vervielfältigungen, Übersetzungen, Mikroverfilmung und für die Verarbeitung mit elektronischen Systemen.
Titelbild: TLC-Foto-Studio GmbH, Velen-Ramsdorf
Fotos: Grauel+Uphoff GmbH+Co.KG, Hannover
Gesamtkonzeption: Falken-Verlag GmbH,
D-6272 Niedernhausen/Ts.

817 2635 4453 6271